农产品质量安全
概 论

王翰霖 杨永霞 赵智明 赵 东 石瑞鑫 周 筠 主编

图书在版编目(CIP)数据

农产品质量安全概论 / 王翰霖等主编. --北京：中国农业科学技术出版社，2024.6.--ISBN 978-7-5116-6862-2

Ⅰ.F307.5

中国国家版本馆 CIP 数据核字第 20245PS910 号

责任编辑	白姗姗
责任校对	李向荣
责任印制	姜义伟　王思文

出 版 者	中国农业科学技术出版社
	北京市中关村南大街 12 号　　邮编：100081
电　　话	(010) 82106638（编辑室）　　(010) 82106624（发行部）
	(010) 82109709（读者服务部）
网　　址	https://castp.caas.cn
经 销 者	各地新华书店
印 刷 者	中煤（北京）印务有限公司
开　　本	140 mm×203 mm　1/32
印　　张	5.375
字　　数	140 千字
版　　次	2024 年 6 月第 1 版　2024 年 6 月第 1 次印刷
定　　价	36.00 元

版权所有·翻印必究

《农产品质量安全概论》编委会

主　编：王翰霖　杨永霞　赵智明　赵　东
　　　　石瑞鑫　周　筠

副主编：金　徽　贾爱平　施文艺　项　生
　　　　张铃雅　冉文婷　胡　慧　李邦耀
　　　　康　馨　马　瑞　赵素平　张　丞
　　　　马玉玲　庞伟英　王博雅　汪　洋
　　　　司海丽　张战胜　杨　飞　朱琳盈
　　　　黄灵丹　马远远

前　言

农产品质量安全问题已成为全世界关注的重点。农药、兽药、饲料和添加剂、动植物激素等农资的使用，为农业生产和农产品数量的增长发挥了积极的作用，与此同时，也给农产品质量安全带来了严重隐患，加之环境污染等其他方面的原因，我国农产品污染问题日渐突出。农产品因农药残留、兽药残留和其他有毒有害物质超标造成的餐桌污染和引发的中毒事件时有发生。

本书结合农产品质量安全问题的现状，围绕农产品质量安全管理措施编写而成。全书共八章，分别为农产品质量安全基本概念、农产品质量安全认证及品牌建设、农产品生产过程的质量安全控制、农产品加工过程的质量安全控制、农产品安全质量检验检测与可追溯体系、我国农产品质量安全现状及问题、最新政策法规及行业标准、农产品质量安全相关案例。

本书内容翔实、语言简练，结构清晰，具有较强的实用性和指导性。

由于时间仓促，水平有限，书中难免存在不足之处，欢迎广大读者批评指正。

编　者

2024 年 4 月

目 录

第一章 农产品质量安全基本概念 …………………… 1
  第一节 农产品的概念 ……………………………… 1
  第二节 农产品的类型 ……………………………… 2
  第三节 农产品质量安全 …………………………… 6
第二章 农产品质量安全认证及品牌建设 …………… 9
  第一节 农产品质量安全认证概述 ………………… 9
  第二节 承诺达标合格证 …………………………… 12
  第三节 绿色食品的认证 …………………………… 18
  第四节 有机产品的认证 …………………………… 24
  第五节 农产品地理标志登记保护 ………………… 30
  第六节 农产品品牌建设 …………………………… 34
第三章 农产品生产过程的质量安全控制 …………… 48
  第一节 农产品生产环境要求 ……………………… 48
  第二节 种植业农产品生产的质量安全控制 ……… 52
  第三节 畜牧业农产品生产的质量安全控制 ……… 55
  第四节 水产品安全生产的质量安全控制 ………… 64
第四章 农产品加工过程的质量安全控制 …………… 71
  第一节 粮食产品加工过程质量管控 ……………… 71
  第二节 畜牧产品质量安全及控制 ………………… 77
  第三节 生猪定点屠宰管理 ………………………… 79

第五章　农产品质量安全检验检测与可追溯体系 ……… 83
　第一节　农产品质量安全检验检测 ……………………… 83
　第二节　农产品质量安全可追溯体系 …………………… 89
第六章　我国农产品质量安全现状及问题 …………… 98
　第一节　我国农产品质量安全现状 ……………………… 98
　第二节　我国农产品质量安全存在的问题 …………… 100
第七章　最新政策法规及行业标准 …………………… 103
　第一节　我国农产品安全法律法规 …………………… 103
　第二节　我国农产品安全标准 ………………………… 105
　第三节　农产品质量安全控制体系 …………………… 109
第八章　农产品质量安全相关案例 …………………… 128
　第一节　农产品质量安全追溯典型案例 ……………… 128
　第二节　农产品质量安全监管执法典型案例 ………… 156
主要参考文献 …………………………………………… 162

第一章　农产品质量安全基本概念

第一节　农产品的概念

一、农产品的定义

根据《中华人民共和国农产品质量安全法》第二条及《食用农产品市场销售质量安全监督管理办法》第五十七条的规定，农产品，指来源于种植业、林业、畜牧业和渔业等的初级产品，即在农业活动中获得的植物、动物、微生物及其产品。食用农产品，指在农业活动中获得的供人食用的植物、动物、微生物及其产品。农业活动，指传统的种植、养殖、采摘、捕捞等农业活动，以及设施农业、生物工程等现代农业活动。植物、动物、微生物及其产品，指在农业活动中直接获得的，以及经过分拣、去皮、剥壳、干燥、粉碎、清洗、切割、冷冻、打蜡、分级、包装等加工，但未改变其基本自然性状和化学性质的产品。

二、农产品的相关概念

（一）初级农产品

初级农产品是指种植业、畜牧业、渔业产品，不包括经过加工的这类产品。初级农产品包括谷物、油脂、农业原料、畜禽及产品、林产品、渔产品、海产品、蔬菜、瓜果和花卉等。

（二）初级加工农产品

初级加工农产品是指必须经过某些加工环节才能食用、使用或储存的加工品，如消毒奶、分割肉、冷冻肉、食用油、饲料等。

（三）名特优新农产品

名特优新农产品是指在特定区域（原则上以县域为单元）内生产、具备一定生产规模和商品量、具有显著地域特征和独特营养品质特色、有稳定的供产量和消费市场、公众认识度和美誉度高并经农业农村部农产品质量安全中心登录公告和核发证书的农产品。

（四）转基因农产品

转基因农产品是指利用基因工程技术改变基因组构成，用于农业生产或者农产品加工的动植物、微生物及其产品，主要包括：转基因动植物（含种子、种畜禽、水产苗种）和微生物；转基因动植物、微生物产品；转基因农产品的直接加工品；含有转基因动植物、微生物或者其产品成分的种子、种畜禽、水产苗种、农药、兽药、肥料和添加剂等产品。

（五）大宗农产品

大宗农产品是指在农业经济结构中占有较大权重，生产量、消费量、贸易量、运输量等较大的农产品。如黄豆、豆粕、玉米、豆油、棕榈油、棉籽、枸杞、羊绒、冬虫夏草、天麻、灯盏花、松茸等。大宗商品可以设计为期货、期权作为金融工具来交易，从而更好地实现价格发现和规避价格风险。

第二节　农产品的类型

按传统和习惯一般把农产品分为粮油、果蔬及花卉、林产品、畜禽产品、水产品和其他农副产品六大类。

一、粮油

粮油是对谷类、豆类、油料及其初加工品的统称。农业是国民经济的基础,而粮油产品的生产是农业的基础。粮油产品是关系国计民生的农产品,它不仅是人体营养和能量的主要来源,也是轻工业的主要原料,还是畜牧业和饲养业的主要饲料。

粮食是人类生存和发展的最基本的生活资料。我国粮食产地分布广,长江流域和长江以南是稻米主产区,黄河两岸是小麦主产区,东北、内蒙古和华北地区盛产玉米、大豆及杂粮,东北水稻、玉米、大豆誉满全国。我国利用植物种子作油料原料的有大豆、芝麻、花生仁、棉籽、菜籽、葵花籽、玉米胚等。

二、果蔬及花卉

(一) 蔬菜和果品

我国地域辽阔,地跨寒、温、热三带,自然条件优越,气候、土壤和地形等自然条件适合果蔬的生长发育,果树和蔬菜资源极其丰富,也培育了许多优良品种。我国果蔬以种类多、品种全、品质佳而闻名于世,如胶州大白菜、章丘大葱、北京心里美萝卜、四川榨菜、湖南冬笋、山东苹果、山东大樱桃、辽宁国光苹果、河北鸭梨、吉林延边苹果梨、山东和辽宁山楂、浙江奉化玉露水蜜桃、山东肥城桃、广东和台湾的香蕉及菠萝、广东和福建的荔枝及龙眼、四川江津鹅蛋柑、江西南丰蜜橘、广西沙田柚等。这些果蔬风味各异,是享有盛誉的知名果蔬。近年来,我国培育和改良了很多果蔬品种,同时引进了很多国外果蔬品种,丰富了国内果蔬资源,满足了市场需要。

蔬菜按食用器官可分为:①根菜类,如萝卜、甘薯等。②茎菜类,如莴笋、莲藕、芋头等。③叶菜类,如小白菜、大白菜、大蒜、大葱等。④果菜类,如茄子、黄瓜、菜豆等。⑤花菜类,如黄花菜、花椰菜等。⑥食用菌类，如香菇、木耳等。

蔬菜按农业生物学可分为根茎类、白菜类、芥菜类、甘蓝类、绿叶菜类、葱蒜类、茄果类、瓜类、豆类、水生菜类、多年生菜类和食用菌类12类。

果品按果实构造可分为：①仁果类，如苹果、梨、山楂等。②核果类，如桃、枣等。③浆果类，如葡萄、香蕉等。④坚果类，如核桃、板栗等。⑤柑橘类，如柑、橘、甜橙、柚、柠檬等。⑥复果类，如菠萝、波罗蜜、面包果等。⑦瓜类，如甜瓜、西瓜等。

按商业经营习惯，果品可分为鲜果、干果、瓜类及其制品四大类。鲜果是果品中最多和最重要的一类。为了经营方便，又把鲜果分为伏果和秋果，还分为南果和北果。

(二) 花卉

花和卉是两个含义不同的字，花是高等植物繁殖后代的器官，卉是百草的总称。"花卉"一词从字面上讲，就是开花的植物。广义上的花卉是指凡是花、叶、果的形态和色彩、芳香能引起人们美感的植物都包括在花卉之内，统称为观赏植物。

根据花卉的形态特征和生长习性可分为草本花卉、木本花卉、多肉类植物、水生类花卉和草坪类植物。①草本花卉可分为一年生草花（如一串红、鸡冠花等）、二年生草花（如金鱼草、石竹等）、多年生草花（如菊花、大丽花等）。②木本花卉可分为乔木花卉（如梅花、白玉兰等）、灌木花卉（如月季、牡丹等）、藤本花卉（如凌霄、紫藤等）。③多肉类植物常见的有仙人掌科的昙花、令箭荷花、蟹爪兰、龙舌兰科的龙舌兰、虎尾兰、萝摩科的大花犀角、吊金钱、凤梨科的小雀舌兰等。④水生类花卉常见的有荷花、睡莲、王莲、凤眼莲、水葱、菖蒲等。⑤草坪类植物常见的有红顶草、早熟禾、野牛草等。

根据花卉的经济用途可分为：①观赏用花卉，花坛用花，如一串红、金盏菊等；盆栽花卉，如菊花、月季等；切花花卉，如菊花、百合等；庭院花卉，如芍药、牡丹等。②香料用花卉，如白兰、水仙花、玫瑰花等。③熏茶用花卉，如茉莉花、珠兰花、桂花等。④医药用花卉，如芍药、牡丹、金银花等。⑤环境保护用花卉，指具有吸收有害气体、净化环境能力的花卉，如美人蕉、月季、罗汉松等。⑥食品用花卉，如菊花、桂花、兰花等近百种。

三、林产品

近代林产品主要是木材及其副产品，可分为两大类，一类是木材及各种木材加工制品，另一类是经济林及森林副产品。中国经济林分布广泛，经济林产品主要有：①木本油料，如核桃、茶油、橄榄油、文冠果油等木本食用油及桐油、乌桕油等工业用油；②木本粮食，如板栗、柿子、枣、银杏及多种栎类树种的种子；③特用经济林产品，如紫胶、橡胶、生漆、咖啡、金鸡纳等。林化、林副产品种类更是繁多，如松香、栲胶、栓皮及各种药材、芳香油、纤维原料、编织原料、淀粉、食用菌等。此外，林区丰富的野生动物资源所提供的动物蛋白质、毛皮、药材以及观赏动物等，都有着重要的经济意义和科研价值。

四、畜禽产品

畜禽产品从广义上讲，主要是指肉、乳、蛋、禽、脂、肠、皮张、绒毛、鬃尾、细尾毛、羽毛、骨、角、蹄壳及其初加工品等。但从狭义上讲，即从我国商品经营分类的角度来看，包括肉、乳、蛋、脂、禽类食品和副食品。畜禽产品作为食品是人类动物蛋白的主要来源，为人类提供丰富的营养。但这类食品由于富含蛋白质、脂肪、糖等，故易于腐败变质。人们食用腐败变质的畜禽产品会发生中毒，并且患病动物还带有致人患病的病源。

五、水产品

水产品是指水生的具有一定食用价值的动植物及其腌制、干制的各种初加工品。随着人们生活水平的不断提高和对蛋白质需求量的不断增长，水产品作为动物性蛋白质的来源，其重要性日益显著。按商业分类可分为活水产品（包括海水鱼、淡水鱼、元鱼、河蟹、贝类等）、鲜水产品（含冷冻品和冰鲜品，包括海水鱼、淡水鱼、虾、蟹等）、水产加工品（按加工方法分为水产腌制品和水产干制品，包括淡干品、盐干品、熟干品；按加工原料分为咸干鱼、虾蟹加工品、海藻加工品、其他水产加工品）。

六、其他农副产品

其他农副产品主要是指除粮油、果蔬花卉、林产品、畜禽产品、水产品以外的烟叶、茶叶、蜂蜜、棉花、麻、蚕茧、畜产品、生漆、干菜、调味品、中药材和野生植物原料等。

第三节 农产品质量安全

一、农产品质量安全的内涵

随着经济的发展，人民生活水平不断提高。现在人们不仅要求吃得饱，而且还要求吃得好，也就对农产品质量的要求越来越严格。通常所说的农产品质量既包括涉及人体健康、安全的质量要求，也包括涉及产品的营养成分、口感、色香味等非安全性的一般质量指标。广义的农产品质量安全是指农产品数量保障和质量安全，《中华人民共和国农产品质量安全法》对农产品质量安全的定义为：农产品质量达到农产品质量安全标准，符合保障人的健康、安全的要求。"数量"层面的安全是"够不够吃"的问题，"质量"层面的安全是要求食物的营养卫生，对健康无害。狭义的农产品质量安全是指农产品在生产加工过程中所带来的可能对人、动植物和环境产生危害或潜在危害的因素，如农药残留、兽药残留、重金属污染、亚硝酸盐污染等。

农产品质量安全必须符合国家法律、行政法规和强制性标准的规定，满足保障人体健康、人身安全的要求，不存在危及健康和安全的危险因素。农产品中不应含有可能损害或威胁人体健康的因素，不应导致消费者急性或慢性毒害，或感染疾病，或产生危及消费者及其后代健康的隐患。

二、影响农产品质量安全的因素

从污染的途径和因素考虑，农产品的安全问题大体上可以分为物理性污染、化学性污染、生物性污染和本底性污染4种类型。

（一）物理性污染

物理性污染是指由物理性因素对农产品质量安全产生的危害，是由于在农产品收获或加工过程中操作不规范，不慎在农产品中混入有毒有害杂质，导致农产品受到污染，如在常规产品中混入转基因产品。该污染可以通过规范操作加以预防。

（二）化学性污染

化学性污染是指在生产、加工过程中不合理使用化学合成物质而对农产品质量安全产生的危害。如使用禁用农药，过量、过频使用农药、兽药、渔药、添加剂等造成的有毒有害物质残留污染。该污染可以通过标准化生产进行控制。

（三）生物性污染

生物性污染是指自然界中各类生物性因子对农产品质量安全产生的危害，如致病性细菌、病毒以及毒素污染等，亚洲地区曾流行的禽流感就是病毒引起的。生物性危害具有较大的不确定性，控制难度大，有些可以通过预防控制，而大多则需要通过采取综合治理措施。

（四）本底性污染

本底性污染是指农产品产地环境中的污染物对农产品质量安全产生的危害，主要包括产地环境中水、土、气的污染，如灌溉水、土壤、大气中的重金属超标等。本底性污染治理难度最大，需要通过净化产地环境或调整种养品种等措施加以解决。

第二章　农产品质量安全认证及品牌建设

第一节　农产品质量安全认证概述

一、农产品质量安全认证的意义

认证是指由认证机构证明产品、服务、管理体系符合相关技术规范、相关技术规范的强制性要求或者标准的合格评定活动。农产品认证有多种，如绿色食品、有机产品等。农产品质量安全认证具有如下重大意义。

（一）农产品质量安全认证是加强农产品质量安全监管的重要基础

农产品质量安全认证工作的过程是贯彻落实标准化生产和规范化管理的过程，也是完善农业生产标准体系和质量安全保障体系的过程。开展农产品质量安全认证，通过对产地环境、农业投入品、生产过程和最终产品进行质量控制，及时发现和纠正生产过程中出现的质量安全隐患，对上市农产品及时追踪和检查，即由被动管理转为积极预防，由单一产品检测向全程管理过渡，由终端监管向源头追溯转变，及时有效地防止质量安全事件的发生。

(二) 农产品质量安全认证是实施农业品牌战略的重要措施

打造农业品牌的基础是建立可靠的农产品质量保障制度。农产品质量安全认证工作的开展必将促进农产品质量安全制度的建设,从而增强消费者对农产品质量安全的可信度。农产品通过认证,可以培育出更多的被广大消费者认可的农产品知名品牌,如绿色食品,已成为代表中国精品农业、具有国际影响力的品牌,对带动中国农产品国际竞争力的提升发挥了主导作用。

(三) 农产品质量安全认证是实现农业增效、农民增收的重要条件

通过推行农产品质量安全认证,实施农产品市场准入制度,发展安全优质农产品生产和流通,有利于发挥市场机制的作用,实现生产和消费的连接与互动,实现产地与市场的挂钩和管理,实现农产品优质优价,使农业发展进入以消费引导生产、靠市场需求拉动产品供给的良性发展轨道,从根本上推动农产品竞争力增强、农业增效和农民增收。

(四) 农产品质量安全认证是推动农业产业化的有效途径

开展农产品质量安全认证工作,对农产品生产全过程实行认证,构建"以认证标志为纽带,以龙头企业为主体,以基础建设为依托,以农户参与为基础"的产业一体化发展模式,既是产业组织结构的创新,也是全程质量控制的基本组织保障。既有利于强化企业、基地、农户间的联结,促进产销机制创新,又有利于培育龙头企业,加快农业产业化进程。

(五) 农产品质量安全认证是扩大农产品出口的迫切要求

推行农产品质量安全认证制度,有利于引导和促进企业增强质量意识,积极采用先进标准,建立健全质量保障体系,加强质量管理,提高产品质量,增强市场竞争力。另外,农产品质量安全认证制度的建立,也为克服国际农产品贸易领域的技术壁垒创造了条件,同时有利于提高我国农产品市场的准入技术门槛。因此,开展农产品质量安全认证工作是适应中国参与国际农产品市场竞争、推动中国农产品扩大出口的迫切需要。

(六) 农产品质量安全认证是促进传统农业向现代农业转变的重要手段

推进农产品质量安全认证工作,有利于促进农业生产标准化、管理产业化、产品市场化和服务社会化,促进农业转型升级。

二、我国农产品质量安全认证的发展

我国农产品质量安全认证始于20世纪90年代初农业部实施的绿色食品认证。20世纪90年代后期,国内一些机构引入国外有机食品标准,实施了有机食品认证。有机食品认证是农产品质量安全认证的一个组成部分。另外,我国还在种植业产品生产推行GAP(良好农业操作规范)和在畜牧业产品、水产品生产加工中实施HACCP食品安全管理体系认证。

2001年,在中央提出发展高产、优质、高效、生态、安全农业的背景下,农业部提出了无公害农产品的概念,并组织实施"无公害食品行动计划",各地自行制定标准开展了当地的无公害农产品认证。在此基础上,2003年实现了统一标准、统一标志、统一程序、统一管理、统一监督的全国统一的无公害农产品认证。

2007年,农业部为了保护具有地域特色的农产品资源,颁布了《农产品地理标志管理办法》,在全国范围内登记保护地理标志农产品。农业部也逐渐形成了"三品一标"的整体工作格局。

2012年3月,农业部印发的《关于进一步加强农产品质量安全监管工作的意见》中明确提出,当前和今后一段时期,"三品一标"的工作重点是稳步推进认证,全面强化监管。"三品一标"已由相对注重发展规模进入更加注重发展质量的新时期,由树立品牌进入提升品牌的新阶段。

2019年12月，农业农村部表示，为加快推进无公害认证制度改革，避免在无公害农产品认证工作停止后出现监管"真空"，农业农村部印发《全国试行食用农产品合格证制度实施方案》，决定在全国试行食用农产品合格证制度。

2021年11月3日，农业农村部办公厅印发《关于加快推进承诺达标合格证制度试行工作的通知》，指出将合格证名称由"食用农产品合格证"调整为"承诺达标合格证"，并对合格证参考样式做了进一步优化。

2022年9月29日，农业农村部发布《关于实施农产品"三品一标"四大行动的通知》，四大行动包含了达标合格农产品亮证行动。食用农产品承诺达标合格证制度是落实农产品生产经营者主体责任、提升农产品质量安全治理能力的有效途径，是农产品质量安全管理领域中一项管长远的制度创新，已经上升为法定制度，在法律层面明确了承诺达标合格证的法律地位。随着《中华人民共和国农产品质量安全法》2023年1月1日起的正式施行，开具承诺达标合格证确定为农产品的生产企业、农业专业合作社、从事农产品收购的单位或者个人的一项法律义务。

至此，"三品一标"内涵发生了变化。从包括无公害农产品、绿色食品、有机农产品和农产品地理标志的传统"三品一标"，发展为包括绿色、有机、地理标志和达标合格农产品的新"三品一标"。

第二节 承诺达标合格证

一、什么是承诺达标合格证

承诺达标合格证是指食用农产品生产者、收购者根据国家法律法规、农产品质量安全国家强制性标准，在严格执行现有的农产品质量安全控制要求的基础上,对所生产、销售的食用农产品自行开具并出具的质量安全合格承诺证。

二、承诺达标合格证开具的意义

(一) 合格证是承诺标识

作为一种质量标识,承诺达标合格证是生产主体对消费者、对社会的承诺,是具有一定的法律效力和自我约束。

(二) 合格证是溯源凭证

承诺达标合格证标明了产品的身份,包含了产品的基本信息,是追溯的凭证依据。

(三) 合格证是信誉证明

承诺达标合格证是农产品生产经营主体对消费者的郑重承诺。

(四) 合格证是监管利器

农业农村部门和市场监督管理部门可及时共享检测结果、产地来源等信息,各司其职,环环管控,加强产地准出和市场准入管理对接,有效实施农产品从农田到餐桌的全程质量安全监控。

三、承诺达标合格证的开具主体

根据《中华人民共和国农产品质量安全法》第 39 条的规定,农产品生产企业、农民专业合作社应当执行法律、法规的规定和国家有关强制性标准,保证其销售的农产品符合农产品质量安全标准,并根据质量安全控制、检测结果等开具承诺达标合格证,承诺不使用禁用的农药、兽药及其他化合物且使用的常规农药、兽药残留不超标等。鼓励和支持农户销售农产品时开具承诺达标合格证。法律、行政法规对畜禽产品的质量安全合格证明有特别规定的,应当遵守其规定。

从事农产品收购的单位或者个人应当按照规定收取、保存承诺达标合格证或者其他质量安全合格证明,对其收购的农产品进行混装或者分装后销售的,应当按照规定开具承诺达标合格证。

县级以上人民政府农业农村主管部门应当做好承诺达标合格证有关工作的指导服务,加强日常监督检查。

农产品质量安全承诺达标合格证管理办法由国务院农业农村主管部门会同国务院有关部门制定。

四、承诺达标合格证的开具方法

(一) 承诺达标合格证显示的基本信息

生产者开具的承诺达标合格证基本信息包括:产品名称、数量(重量)、产地(应具体到乡镇)、生产者盖章或签名、联系方式、开具日期(图2-1)。

收购者开具的承诺达标合格证基本信息包括:产品名称、重量或数量、收购单位(个人)盖章或签名、联系方式、开具日期。

(二) 开具承诺达标合格证的方式

承诺达标合格证可以采取手工填写、打印等方式开具,也可使用本省(自治区、直辖市)农产品质量安全追溯平台链接合格证打印机,采用信息化手段开具。

(三) 附带承诺达标合格证的方式

带包装销售的食用农产品,应以销售包装为单元开具承诺达标合格证,以适当方式固定在包装表面。

散装销售的食用农产品应以实际交易批次为单元开具承诺达标合格证,实行一批一证、一车一证等,随附农产品流通。

(四) 承诺达标合格证的承诺事项

生产者开具承诺达标合格证的承诺事项包括:①不使用禁用农药兽药、停用兽药和非法添加物;②常规农药兽药残留不超标;③对承诺的真实性负责。

承诺达标合格证

我承诺对生产销售的食用农产品：

☐ 不使用禁用农药兽药、停用兽药和非法添加物

☐ 常规农药兽药残留不超标

☐ 对承诺的真实性负责

承诺依据：

☐ 委托检测　　　　　　　☐ 自我检测

☐ 内部质量控制　　　　　☐ 自我承诺

———————————————

产品名称：　　　　　　数量（重量）：

产　　地：

生产者盖章或签名：

联系方式：

开具日期：　　　年　　月　　日

图 2-1　生产者开具的承诺达标合格证

收购者开具承诺达标合格证的承诺事项包括：①已收取并保存该批次农产品的承诺达标合格证或者其他质量安全合格证明；②不违规使用保鲜剂、防腐剂、添加剂等；③对承诺的真实性负责。

五、承诺达标合格证的管理

(一) 可以不标注基本信息的情况

生产者、收购者开具承诺达标合格证的基本信息在包装标识

上已标注的，承诺达标合格证上可以不重复标注。

（二）承诺达标合格证记录的留存方式和保存期限

根据《关于加强新修订〈中华人民共和国农产品质量安全法〉有关规定衔接工作的通知》要求，食用农产品生产企业、农民专业合作社严格执行法律、法规规定和国家有关强制性标准，保证其销售的食用农产品符合农产品质量安全标准，并根据质量安全控制或检测结果等，批批开具承诺达标合格证，如实做好开具记录，记录至少保存两年。

从事食用农产品收购的单位或者个人收取、保存承诺达标合格证或者其他质量安全合格证明，通过拍照、留存原件或复印件等方式保存至少两年。对其收购的食用农产品进行混装或者分装后销售的，应当依据收取保存的承诺达标合格证或其他质量安全合格证明，并根据收购后的自我质量安全控制或检测结果等，批批开具承诺达标合格证，如实做好开具记录，记录至少保存两年。

（三）农产品批发市场需要查验承诺达标合格证

《中华人民共和国农产品质量安全法》第39条规定，农产品批发市场应当建立健全农产品承诺达标合格证查验等制度。

（四）市场开办者入场查验的要求

根据《关于加强新修订〈中华人民共和国农产品质量安全法〉有关规定衔接工作的通知》，从事食用农产品交易的集中交易市场（包括批发市场和零售市场）依法依规全面履行食品安全管理责任，建立入场销售者档案，查验并留存入场销售者的社会信用代码或者身份证复印件，对进入市场的食用农产品加强入场查验。食用农产品批发市场开办者应当与入场销售者签订食用农产品质量安全协议，查验并留存食用农产品进货凭证和承诺达标合格证等产品质量合格凭证。对无法提供进货凭证的禁止入场销售。对无法提供承诺达标合格证等产品质量合格凭证的食用农产品须进行抽样检验或者快速检测，检测结果合格的方可进入市场销售。

（五）食用农产品销售者、食品生产企业、餐饮服务企业和集中用餐单位食堂进货查验的要求

食用农产品销售者、食品生产企业、餐饮服务企业和集中用餐单位食堂依法依规全面履行食品安全主体责任，对采购的食用农产品加强进货查验，鼓励优先采购附具承诺达标合格证的食用农产品。采购按照规定需要检疫、检验的肉类，应当查验相应的检疫合格证、肉品品质检验合格证等证明文件。进入集中交易市场的食用农产品销售者应当主动接受市场开办者的入场查验和对食用农产品的抽样检验，对经检验不符合食品安全标准的食用农产品按规定做好处置。鼓励食用农产品销售者在摊位（柜台）明显位置主动展示承诺达标合格证。

（六）通过网络交易平台销售食用农产品的承诺达标合格证管理的要求

通过网络交易平台销售食用农产品的农产品生产企业、农民专业合作社及农产品收购者按照规定开具承诺达标合格证，并主动在网络交易平台展示。网络交易平台经营者依法加强对食用农产品生产经营者的管理，指导网络交易平台经营者对平台上食用农产品经营行为及信息进行检查。鼓励入驻平台的食用农产品生产经营者在首页或产品销售页面显著位置展示承诺达标合格证等信息。

（七）不按照规定开具、收取、保存承诺达标合格证及其他合格证明的法律责任

《中华人民共和国农产品质量安全法》第 73 条规定，有下列行为之一的，由县级以上地方人民政府农业农村主管部门按照职责给予批评教育，责令限期改正；逾期不改正的，处 100 元以上 1 000 元以下罚款。

（1）农产品生产企业、农民专业合作社、从事农产品收购的单位或者个人未按照规定开具承诺达标合格证。

（2）从事农产品收购的单位或者个人未按照规定收取、保存承诺达标合格证或者其他合格证明。

第三节　绿色食品的认证

绿色食品是指产自优良生态环境、按照绿色食品标准生产、实行全程质量控制并获得绿色食品标志使用权的安全、优质食用农产品及相关产品。

一、绿色食品标准

我国绿色食品标准是以全程质量控制为核心，是由绿色食品产地环境质量标准、绿色食品生产技术标准、绿色食品产品标准、绿色食品包装标签标准、绿色食品储藏运输标准等标准构成的一个科学完善的食品标准体系。

（一）绿色食品产地环境质量标准

绿色食品产地环境质量标准，即《绿色食品　产地环境质量》（NY/T 391—2021）。该标准规定了产地生态环境基本要求、隔离保护要求、产地环境质量通用要求及环境可持续发展要求等指标以及浓度限值、监测方法。制定这类标准的目的，一是强调绿色食品必须产自良好的生态环境地域，以保证绿色食品最终产品的无污染、安全性；二是促进对绿色食品产地环境的保护和改善。

（二）绿色食品生产技术标准

绿色食品生产过程的控制是绿色食品质量控制的关键环节。绿色食品生产技术标准是绿色食品标准体系的核心，它包括绿色食品生产资料使用准则和绿色食品生产技术操作规程两部分。

绿色食品生产资料使用准则是对绿色食品过程中物质投入的一个原则性规定。包括《绿色食品　农药使用准则》(NY/T 393—2020)、《绿色食品　肥料使用准则》(NY/T 394—2023)、《绿色食品　食品添加剂使用准则》(NY/T 392—2023)、《绿色食品　饲料及饲料添加剂使用准则》(NY/T 471—2023)、《绿色食品　兽药使用准则》(NY/T 472—2022)。各项准则中主要对允许、限制和禁止使用的生产资料及其使用方法、使用剂量等做出了明确规定。

绿色食品生产技术操作规程是以上述准则为依据，按作物种类、畜牧种类和不同农业区域的生产特性分别制定的，用于指导绿色食品生产活动，规范绿色食品生产技术的技术规定，包括农产品种植、畜禽饲养、水产养殖和食品加工等技术操作规程。

(三) 绿色食品产品标准

该标准是衡量绿色食品最终产品质量的指标尺度。它虽然跟普通食品的国家标准一样，规定了食品的外观品质、营养品质和卫生品质等内容，但其卫生品质要求高于国家现行标准，主要表现在对农药残留和重金属的检测项目种类多、指标严。而且，使用的主要原料必须是来自绿色食品产地的、按绿色食品生产技术操作规程生产出来的产品。绿色食品产品标准反映了绿色食品生产、管理和质量控制的先进水平，突出了绿色食品产品无污染、安全的卫生品质。

(四) 绿色食品包装标签标准

绿色食品包装、储藏运输标准，即《绿色食品　包装通用准则》(NY/T 658—2015)。该标准规定了绿色食品产品包装的基本要求、安全卫生要求、生产要求、环保要求、标志与标签要求和标识、包装、贮存与运输要求。要求产品包装从原料、产品制造、使用、回收和废弃的整个过程都应有利于食品安全和环境保护，包括包装材料的安全、牢固性、节省资源、能源，减少或避免废弃物产生、易回收循环利用、可降解等具体要求和内容。

绿色食品产品标签，除要求符合《食品安全国家标准 预包装食品标签通则》（GB 7718—2011）外，还要求符合《中国绿色食品商标标志设计使用规范手册（2021版）》规定，即对绿色食品的标准图形、标准字形、图形和字体的规范组合、标准色、广告用语以及在产品包装标签上的规范应用有具体规定。

（五）绿色食品储藏运输标准

绿色食品储藏运输标准，即《绿色食品 储藏运输准则》（NY/T 1056—2021）。该项标准对绿色食品的储藏设施、出入库、码放、储藏条件、储藏管理以及绿色食品的运输工具、运输条件、运输管理等方面做出了规定，以保证绿色食品在储藏运输过程中不遭受污染、不改变品质，并有利于环保、节能。

以上五项标准对绿色食品产前、产中和产后全过程质量控制技术和指标做了全面的规定，构成了一个科学、完整的标准体系。

二、绿色食品认证

2022年最新修订的《绿色食品标志管理办法》指出，中国绿色食品发展中心负责全国绿色食品标志使用申请的审查、颁证和颁证后跟踪检查工作。省级人民政府农业行政农村部门所属绿色食品工作机构（以下简称省级工作机构）负责本行政区域绿色食品标志使用申请的受理、初审和颁证后跟踪检查工作。

申请使用绿色食品标志的生产单位（以下简称申请人），应当具备下列条件：能够独立承担民事责任；具有绿色食品生产的环境条件和生产技术；具有完善的质量管理和质量保证体系；具有与生产规模相适应的生产技术人员和质量控制人员；具有稳定的生产基地；申请前三年内无质量安全事故和不良诚信记录。

申请使用绿色食品标志的产品，应当符合《中华人民共和国食品安全法》和《中华人民共和国农产品质量安全法》等法律法规规定，在国家知识产权局商标局核定的范围内，并具备下列条件：产品或产品原料产地环境符合绿色食品产地环境质量标准；农药、肥料、饲料、兽药等投入品使用符合绿色食品投入品使用准则；产品质量符合绿色食品产品质量标准；包装贮运符合绿色食品包装贮运标准。

绿色食品认证的程序：申请人提交申请和相关材料，经过材料审查、现场检查，同时安排环境质量现状调查和产品抽样，检查结果、环境检测和产品检测报告汇总后，合格者颁发证书。证书有效期是3年。绿色食品认证程序如下。

1. 申请

申请人应当向省级工作机构提出申请，并提交下列材料：标志使用申请书；产品生产技术规程和质量控制规范；预包装产品包装标签或其设计样张；中国绿色食品发展中心规定提交的其他证明材料。

2. 受理

省级工作机构应当自收到申请之日起10个工作日内完成材料审查。符合要求的，予以受理，并在产品及产品原料生产期内组织有资质的检查员完成现场检查；不符合要求的，不予受理，书面通知申请人并告知理由。

现场检查合格的，省级工作机构应当书面通知申请人，由申请人委托符合要求的检测机构对申请产品和相应的产地环境进行检测；现场检查不合格的，省级工作机构应当退回申请并书面告知理由。

3. 现场抽样

检测机构接受申请人委托后，应当及时安排现场抽样，并自产品样品抽样之日起20个工作日内、环境样品抽样之日起30个工作日内完成检测工作，出具产品质量检验报告和产地环境监测报告,提交省级工作机构和申请人。检测机构应当对检测结果负责。

4. 认证审核

省级工作机构应当自收到产品检验报告和产地环境监测报告之日起20个工作日内提出初审意见。初审合格的,将初审意见及相关材料报送中国绿色食品发展中心。初审不合格的,退回申请并书面告知理由。省级工作机构应当对初审结果负责。

中国绿色食品发展中心应当自收到省级工作机构报送的申请材料之日起30个工作日内完成书面审查,并在20个工作日内组织专家评审。必要时,应当进行现场核查。

5. 认证评审

中国绿色食品发展中心应当根据专家评审的意见,在5个工作日内做出是否颁证的决定。同意颁证的,与申请人签订绿色食品标志使用合同,颁发绿色食品标志使用证书,并公告;不同意颁证的,书面通知申请人并告知理由。

6. 颁证

绿色食品标志使用证书是申请人合法使用绿色食品标志的凭证,应当载明准许使用的产品名称、商标名称、获证单位及其信息编码、核准产量、产品编号、标志使用有效期、颁证机构等内容。绿色食品标志使用证书分中文、英文版本,具有同等效力。

7. 续展

绿色食品标志使用证书有效期3年。证书有效期满,需要继续使用绿色食品标志的,标志使用人应当在有效期满3个月前向省级工作机构书面提出续展申请。省级工作机构应当在40个工作日内组织完成相关检查、检测及材料审核。初审合格的,由中国绿色食品发展中心在10个工作日内做出是否准予续展的决定。准予续展的,与标志使用人续签绿色食品标志使用合同,颁发新的绿色食品标志使用证书并公告;不予续展的,书面通知标志使用人并告知理由。标志使用人逾期未提出续展申请,或者申请续展未获通过的,不得继续使用绿色食品标志。

三、绿色食品标志及管理

(一) 绿色食品标志的基本图案

绿色食品标志用特定图形来表示,如图2-2所示。绿色食品标志图形由三部分构成:上方的太阳、下方的叶片和中心的蓓蕾,分别代表了生态环境、植物生长和生命的希望。标志图形为正圆形,意味着保护、安全。整个图形描绘了一派明媚阳光照耀下的和谐生机,告诉人们绿色食品是出自纯净、良好生态环境的安全、无污染食品,能给人们带来无限的生命力。绿色食品标志还提醒人们要保护环境和防止污染,通过协调人与环境的关系,创造自然界新的和谐。

图2-2 绿色食品标志

(二) 绿色食品标志管理

绿色食品标志使用人在证书有效期内享有下列权利:在获证产品及其包装、标签、说明书上使用绿色食品标志;在获证产品的广告宣传、展览展销等市场营销活动中使用绿色食品标志;在农产品生产基地建设、农业标准化生产、产业化经营、农产品市场营销等方面优先享受相关扶持政策。

标志使用人在证书有效期内应当履行下列义务:严格执行绿

色食品标准，保持绿色食品产地环境和产品质量稳定可靠；遵守标志使用合同及相关规定，规范使用绿色食品标志；积极配合县级以上人民政府农业农村主管部门的监督检查及其所属绿色食品工作机构的跟踪检查。未经中国绿色食品发展中心许可，任何单位和个人不得使用绿色食品标志。禁止将绿色食品标志用于非许可产品及其经营性活动。

中国绿色食品发展中心开展绿色食品认证和绿色食品标志许可工作，可收取绿色食品认证费和标志使用费。绿色食品认证费由申请获得绿色食品标志使用许可的企业在申请时缴纳，具体收费标准按有关规定执行。

在证书有效期内，标志使用人的单位名称、产品名称、产品商标等发生变化的，应当经省级工作机构审核后向中国绿色食品发展中心申请办理变更手续。产地环境、生产技术等条件发生变化，导致产品不再符合绿色食品标准要求的，标志使用人应当立即停止标志使用，并通过省级工作机构向中国绿色食品发展中心报告。

获得绿色食品标志使用权的产品在使用时，须严格按照《中国绿色食品商标标志设计使用规范手册（2021版）》的规范要求正确设计，并在中国绿色食品发展中心认定的单位印制。自2021年11月1日起，生鲜、散装等不适于在包装上印刷商标标志的产品可选用粘贴式标签。

第四节　有机产品的认证

有机产品是指生产、加工和销售符合中国有机产品国家标准的供人类消费、动物食用的产品。

一、有机产品标准

当前，我国有机产品的最新标准为《有机产品　生产、加工、标识与管理体系要求》（GB/T 19630—2019），适用于有机植物、动物和微生物产品的生产，有机食品、饲料和纺织品等的加工，有机产品的包装、贮藏、运输、标识和销售。此外，我国还专门制定了《有机产品认证目录》，详细规定了可以进行认证的具体产品类别。

除了有机标准 GB/T 19630，我国还颁布了《有机产品认证实施规则》，规定了有机产品认证程序与管理的基本要求。2019年修订并颁布的实施规则简化了一些认证实践，例如，认证证书发放前无法采集样品并送检的，应在证书有效期内安排抽样检测并得到检测结果。产品生产、加工场所在境外，产品因出入境检验检疫要求等原因无法委托境内检验检测机构进行检测，可委托境外第三方检验检测机构进行检测。对于获得国外有机产品认证连续 4 年以上（含 4 年）的进口有机产品的国外种植基地，且认证机构现场检查确认其符合 GB/T 19630 要求，可在风险评估的基础上免除转换期。

二、有机产品认证

国家市场监督管理总局 2022 年修订的《有机产品认证管理办法》指出，有机产品认证是指认证机构依照本办法的规定，按照有机产品认证规则，对相关产品的生产、加工和销售活动符合中国有机产品国家标准进行的合格评定活动。国家市场监督管理总局负责全国有机产品认证的统一管理、监督和综合协调工作。地方市场监督管理部门负责所辖区域内有机产品认证活动的监督管理工作。国家推行统一的有机产品认证制度，实行统一的认证目录、统一的标准和认证实施规则、统一的认证标志。国家市场监督管理总局负责制定和调整有机产品认证目录、认证实施规则，并对外公布。

有机产品认证机构应当依法取得法人资格，并经国家市场监督管理总局批准后，方可从事批准范围内的有机产品认证活动。目前有机认证机构众多，生产者在选择有机产品认证机构时一定要注意核实，该认证机构是否经过中国国家认证认可监督管理委员会（CNCA）、中国合格评定国家认可委员会等权威部门认可，拥有正式批准号等。下面以农业农村部主管的中绿华夏有机食品认证中心（China Organic Food Certification Center，简称COFCC）的认证流程为例，说明申请认证有机产品的工作程序。

1. 申请

（1）申请人登录 www.ofcc.org.cn 下载填写《有机产品认证申请书》和《有机产品认证调查表》，下载《有机产品认证书面资料清单》并按要求准备相关材料。

（2）申请人提交《有机产品认证申请书》《有机产品认证调查表》以及《有机产品认证书面资料清单》要求的文件，提出正式申请。

（3）申请人按《绿色产品认证机构要求 第4部分：有机产品》（RB/T 242.4—2018）的要求，建立本企业的质量管理体系、质量保证体系的技术措施和质量信息追踪及处理体系。

2. 文件审核

认证机构应当自收到认证委托人申请材料之日起10日内，完成材料审核，并做出是否受理的决定。审核合格后，认证中心根据项目特点，依据认证收费细则，估算认证费用，向企业寄发《受理通知书》《有机产品认证检查合同》（简称《检查合同》）。若审核不合格，认证中心通知申请人且当年不再受理其申请。申请人确认《受理通知书》后，与认证中心签订《检查合同》。根据《检查合同》的要求，申请人交纳相关费用，以保证认证前期工作的正常开展。

3. 实地检查

企业寄回《检查合同》及交纳相关费用后，认证中心派出有资质的检查员。检查员应从认证中心取得申请人相关资料，依据《有机产品认证实施规则》的要求，对申请人的质量管理体系、生产过程控制、追踪体系以及产地、生产、加工、仓储、运输、贸易等进行实地检查评估。必要时，检查员需对土壤、产品抽样，由申请人将样品送指定的质检机构检测。

4. 撰写检查报告

检查员完成检查后，在规定时间内，按认证中心要求编写检查报告，并提交给认证中心。

5. 综合审查评估意见

认证中心根据申请人提供的申请表、调查表等相关材料以及检查员的检查报告和样品检验报告等进行综合评审，评审报告提交颁证委员会。

6. 颁证决定

颁证委员会对申请人的基本情况调查表、检查员的检查报告和认证中心的评估意见等材料进行全面审查，做出同意颁证、有条件颁证、有机转换颁证或拒绝颁证的决定。证书有效期为1年。

当申请项目较为复杂（如养殖、渔业、加工等项目）时，或在一段时间内（如6个月）召开技术委员会工作会议，对相应项目做出认证决定。

（1）同意颁证。申请内容完全符合有机标准，颁发有机证书。

（2）有条件颁证。申请内容基本符合有机产品标准，但某些方面尚需改进，在申请人书面承诺按要求进行改进以后，亦可颁发有机证书。

(3) 有机转换颁证。申请人的基地进入转换期1年以上，并继续实施有机转换计划，颁发有机转换证书。从有机转换基地收获的产品，按照有机方式加工，可作为有机转换产品，即"有机转换产品"销售。

(4) 拒绝颁证。申请内容达不到有机标准要求，颁证委员会拒绝颁证，并说明理由。

7. 颁证决定签发

颁证委员会做出颁证决定后，认证中心主任授权颁证委员会秘书处（认证二部）根据颁证委员会做出的结论在颁证报告上使用签名章，签发颁证决定。

8. 有机产品标志的使用

根据证书和《有机食（产）品标志使用章程》的要求，签订《有机食（产）品标志使用许可合同》，并办理有机转换标志的使用手续。

9. 保持认证

有机产品认证证书有效期为1年，在新的年度里，COFCC会向获证企业发出《保持认证通知》。获证企业在收到《保持认证通知》后，应按照要求提交认证材料、与联系人沟通确定实地检查时间并及时缴纳相关费用。保持认证的文件审核、实地检查、综合评审、颁证决定的程序同初次认证。

三、有机产品标志及管理

（一）有机产品标志的基本图案

有机产品标志由三部分组成，即外围的圆形、中间的种子图形及其周围的环形线条，如图2-3所示。标志外围的圆形形似地球，象征和谐、安全，圆形中的"中国有机产品"字样为中英文结合方式。既表示中国有机产品与世界同行，也有利于国内外消费者识别。标志中间类似于种子的图形代表生命萌发之际的勃勃生机，象征了有机产品是从种子开始的全过程认证，同时昭示出有机产品就如同刚刚萌发的种子，正在中国大地上茁壮成长。种子图形周围圆润自如的线条象征环形道路，与种子图形合并构成汉字"中"，体现出有机产品植根中国，有机之路越走越宽广。

图 2-3 有机产品标志

（二）有机产品标志管理

中国有机产品认证标志应当在认证证书限定的产品类别、范围和数量内使用。

认证机构应当按照国家市场监督管理总局统一的编号规则，对每枚认证标志进行唯一编号（以下简称有机码），并采取有效防伪、追溯技术，确保发放的每枚认证标志能够溯源到其对应的认证证书和获证产品及其生产、加工单位。

获证产品的认证委托人应当在获证产品或者产品的最小销售包装上，加施中国有机产品认证标志、有机码和认证机构名称。

获证产品标签、说明书及广告宣传等材料上可以印制中国有机产品认证标志，并可以按照比例放大或者缩小，但不得变形、变色。

有下列情形之一的，任何单位和个人不得在产品、产品最小销售包装及其标签上标注含有"有机""ORGANIC"等字样且可能误导公众认为该产品为有机产品的文字表述和图案。

（1）未获得有机产品认证的。

（2）获证产品在认证证书标明的生产、加工场所外进行了再次加工、分装、分割的。

认证证书暂停期间，获证产品的认证委托人应当暂停使用认证证书和认证标志；认证证书注销、撤销后，认证委托人应当向认证机构交回认证证书和未使用的认证标志。

第五节　农产品地理标志登记保护

农产品地理标志是指标示农产品来源于特定地域，产品品质和相关特征主要取决于自然生态环境和历史人文因素，并以地域名称冠名的特有农产品标志。此处所称的农产品是指来源于农业的初级产品，即在农业活动中获得的植物、动物、微生物及其产品。

一、基本要求

农业农村部于2019年4月修订的《农产品地理标志管理办法》（以下简称《办法》），是专门针对农产品地理标志发布管理的行政法规。《办法》规定，国家对农产品地理标志实行登记制度，经登记的农产品地理标志受法律保护。

（一）申请地理标志登记的农产品

农产品地理标志登记范围是指来源于农业的初级产品，并在《农产品地理标志登记审查准则》规定的目录覆盖的三大行业22个小类内。

申请农产品地理标志登记的农产品，应当符合下列条件：称谓由地理区域名称和农产品通用名称构成；产品有独特的品质特性或者特定的生产方式；产品品质和特色主要取决于独特的自然生态环境和人文历史因素；产品有限定的生产区域范围；产地环境、产品质量符合国家强制性技术规范要求。

（二）农产品地理标志登记申请人

农产品地理标志登记申请人为县级以上地方人民政府，根据下列条件择优确定农民专业合作经济组织、行业协会等组织。

（1）具有监督和管理农产品地理标志及其产品的能力。

（2）具有为地理标志农产品生产、加工、营销提供指导服务的能力。

（3）具有独立承担民事责任的能力。

二、登记管理

（一）农产品地理标志登记管理工作负责人

农业农村部负责全国农产品地理标志的登记工作，农业农村部农产品质量安全中心负责农产品地理标志登记的审查和专家评审工作。省级人民政府农业农村主管部门负责本行政区域内农产品地理标志登记申请的受理和初审工作。农业农村部设立的农产品地理标志登记专家评审委员会负责专家评审。农产品地理标志登记专家评审委员会由种植业、畜牧业、渔业和农产品质量安全等方面的专家组成。

（二）农产品地理标志登记管理的申请材料

符合农产品地理标志登记条件的申请人，可以向省级人民政府农业农村主管部门提出登记申请，并提交下列申请材料：登记申请书；产品典型特征特性描述和相应产品品质鉴定报告；产地环境条件、生产技术规范和产品质量安全技术规范；地域范围确定性文件和生产地域分布图；产品实物样品或者样品图片；其他必要的说明性或者证明性材料。

(三)农产品地理标志登记管理的审查

省级人民政府农业农村行政主管部门自受理农产品地理标志登记申请之日起,应当在45个工作日内完成申请材料的初审和现场核查,并提出初审意见。符合条件的,将申请材料和初审意见报送农业农村部农产品质量安全中心;不符合条件的,应当在提出初审意见之日起10个工作日内将相关意见和建议通知申请人。

农业农村部农产品质量安全中心应当自收到申请材料和初审意见之日起20个工作日内,对申请材料进行审查,提出审查意见,并组织专家评审。经专家评审通过的,由农业农村部农产品质量安全中心代表农业农村部对社会公示。有关单位和个人有异议的,应当自公示截止日起20日内向农业农村部农产品质量安全中心提出。公示无异议的,由农业农村部做出登记决定并公告,颁发《中华人民共和国农产品地理标志登记证书》,公布登记产品相关技术规范和标准。专家评审没有通过的,由农业农村部做出不予登记的决定,书面通知申请人,并说明理由。

(四)农产品地理标志登记证书使用

农产品地理标志登记证书长期有效。有下列情形之一的,登记证书持有人应当按照规定程序提出变更申请。

(1)登记证书持有人或者法定代表人发生变化的。

(2)地域范围或者相应自然生态环境发生变化的。

三、标志及使用

(一)农产品地理标志公共标识图案

农产品地理标志实行公共标识与地域产品名称相结合的标注制度。

公共标识图案由中华人民共和国农业农村部中英文字样、农产品地理标志中英文字样和麦穗、地球、日月等元素构成。公共标识的核心元素为麦穗、地球、日月相互辉映，体现了农业、自然、国际化的内涵。标识的颜色由绿色和橙色组成，绿色象征农业和环保，橙色寓意丰收和成熟（图2-4）。

图2-4 农产品地理标志公共标识图案

（二）农产品地理标志的使用

1. 农产品地理标志使用的申请

符合下列条件的单位和个人，可以向登记证书持有人申请使用农产品地理标志。

（1）生产经营的农产品产自登记确定的地域或范围。

（2）已取得登记农产品相关的生产经营资质。

（3）能够严格按照规定的质量技术规范组织开展生产经营活动。

（4）具有地理标志农产品市场开发经营能力。

2. 农产品地理标志使用的规定

使用农产品地理标志，应当按照生产经营年度与登记证书持有人签订农产品地理标志使用协议，在协议中载明使用的数量、范围及相关的责任义务。

农产品地理标志登记证书持有人不得向农产品地理标志使用人收取使用费。

3. 农产品地理标志使用人享有的权利

（1）可以在产品及其包装上使用农产品地理标志。

（2）可以使用登记的农产品地理标志进行宣传和参加展览、展示及展销。

4. 农产品地理标志使用人应当履行的义务

（1）自觉接受登记证书持有人的监督检查。

（2）保证地理标志农产品的品质和信誉。

（3）正确规范地使用农产品地理标志。

5. 监督管理

县级以上人民政府农业农村行政主管部门应当加强农产品地理标志监督管理工作，定期对登记的地理标志农产品的地域范围、标志使用等进行监督检查。

登记的地理标志农产品或登记证书持有人不符合规定的，由农业农村部注销其地理标志登记证书并对外公告。

对伪造、冒用农产品地理标志和登记证书的单位和个人，由县级以上人民政府农业农村行政主管部门依照《中华人民共和国农产品质量安全法》有关规定进行处罚。

第六节　农产品品牌建设

品牌是一种名称、术语、标记、符号或设计，或是它们的组合运用，其目的是借以辨认某个销售者或某群销售者的产品或服务，并使之与竞争对手的产品或服务区别开来。从本质上说，通过一个品牌能够辨别出销售者或制造者。农产品品牌是出于市场发展及竞争的需要，由生产者或经营者赋予农产品的一种标记。

农产品品牌建设的过程主要分为农产品品牌规划阶段、农产品品牌创立阶段、农产品品牌培育阶段和农产品品牌扩张阶段4个阶段。

一、农产品品牌规划阶段

农产品品牌规划阶段是品牌建设的第一个阶段，其任务是为农产品品牌建设的未来发展进行总体设计，将未来农产品品牌建设中的重大问题、重要环节的处理原则、总体方向预先确定，以便做到有的放矢，提高品牌建设效率。农产品品牌建设的规划阶段有5个方面的工作要做。

（一）品牌产品的选择

农业企业选择产品不仅要考虑市场需求，还要考虑自身的资源。农产品生产受自然、地理因素影响大，不是市场需要什么，企业就可以生产什么，农业企业必须考虑本地区、本企业的优势是什么，同时要考虑市场是否需求这些产品。因此，生产何种农产品应该是在结合自身产品优势的情况下，参照市场状况进行。具体选择什么农产品作为企业创建品牌的载体，以下有4种思路。

第一种，市场专业化的农产品经营选择思路，即企业以专门满足某一特定顾客群体需要为目标的产品选择方法，如专门为某些大酒店提供绿色蔬菜、高质量肉品等。该产品选择的特点是，产品种类多，产品的专业化程度不高，但是企业能够深入了解特定市场的需求特征，能够为特定市场提供较深入的服务，能够建立比较稳定的供需关系，从而降低特定市场的采购成本；其缺点是，市场依赖性太高，一旦这一市场整体不景气，就会面临极大风险。

第二种，产品专业化的农产品经营选择思路，即企业集中生产一种产品，满足不同市场的需要。例如，专门生产菌菇的农业企业，可以满足大酒店、大众消费者、单位食堂等的需要。这种产品选择策略的特点是产品专业化程度高，平均成本低，规模较大，技术研发的针对性较高；但缺点是产品生产周期过于集中，收获期也过于集中，销售、储存难度大，容易造成"谷丰伤农"现象。

第三种，产品—市场选择专业化的农产品经营选择思路，即农业企业选取若干个具有良好盈利潜力且符合企业发展目标和拥有的资源的细分市场作为目标市场，生产不同的产品满足这些细分市场的策略。例如，农业企业生产番茄、青椒满足大众市场，生产优质猪肉满足宾馆需求等。这种策略的优点是经营灵活，经营风险较低；但缺点也比较明显，主要是专业化程度不高，产品生产、经营成本较高，市场竞争力不强。

第四种，产品—市场集中化的农产品经营选择思路，即用一种产品满足一个特定市场的策略。这种策略的优点是产品生产专业化很强，目标市场专一；缺点是产品单一，生产风险和经营风险都很大。例如，养牛企业专门向牛奶厂供给牛奶，一旦牛奶行业受到整体冲击，养牛企业将受到毁灭性打击。

在农产品生产范围选择中，要注意宽窄适当。任何一个企业都不可能生产经营本行业的全部产品。一般情况下，资金实力雄厚的农产品企业选择的产品种类可以多一些，但中小规模的农业企业应选较少种类的产品。农产品品牌产品的选择还要根据农产品的特点、经营环境、市场容量等要素全面考虑。

（二）品牌建设环境

企业环境分为宏观环境和微观环境两个层面。宏观环境包括政治环境、经济环境、自然环境、技术环境和社会文化环境等，微观环境主要包括消费者、供应商、竞争者、企业自身资源、公众、营销中介等。

在宏观环境方面，政治环境是农产品品牌建设的重要保障，农产品品牌受政策、政府行为的影响巨大，国家和各级政府出台了一系列农产品品牌建设的策略,非常有利于农业企业的品牌建设。经济环境决定着农产品品牌建设的水平,主要考虑经济发展水平、消费者收入水平、汇率、消费增长、投资、就业等要素。我国社会文化环境复杂多变,为建设特色农产品品牌提供了丰富的环境资源。我国几千年的农耕文化影响着消费者对农产品的偏好和选择。南方消费者喜欢使用菜籽油,北方消费者喜欢使用花生油;西部消费者喜欢食用牛羊肉,东部消费者以猪肉为主等。自然环境对农产品品牌建设的影响明显。我国自然环境南北差异、东西差异明显,甚至一个地区的土壤、灌溉条件也不相同,使得我国农产品个性差异明显、特色农产品资源丰富,为我国农产品品牌建设创造了得天独厚的条件。技术环境同样影响着农产品的品牌建设,若没有核心技术支撑,农产品品牌就无法在竞争中取得优势,无法使消费者有充足理由购买产品。

在微观环境方面,消费者是品牌建设的决定性要素。农业企业进行品牌建设首先要对消费者的购买习惯、购买方式、购买心理等进行研究。品牌是企业用来竞争的工具,竞争需要知己知彼,对竞争对手的研究就是知彼的过程,它能够使企业知道竞争者的品牌定位、品牌建设目标,然后以此确定本企业的品牌定位和建设目标。农户是农产品的生产者,也是农产品质量安全的决定性因素。在没有外在制度约束的情况下,农户提供农产品的原则是收益最高,成本最低。农户为了实现"收益最高、成本最低"的目标,所提供的农产品质量安全受到消费者怀疑时,农产品品牌建设将受到严重的负面影响。农业企业自身环境也是品牌建设的影响要素。农业企业在建设农产品品牌前首先要搞清楚自己的优势是什么,自己能够生产经营什么。农业企业的资源优劣势分析应该主要从自然资源、人力资源、社会资源、经济资源等方面进行。

(三) 确定品牌建设目标

农产品品牌建设的目标确定是品牌建设的战略核心。农产品品牌建设的总体目标是建立并提升农业企业的品牌价值，实现企业可持续发展。由于农业企业的规模、特点等因素差异，不同企业在不同阶段的目标有所不同。农产品品牌建设的目标可分解为区域品牌、区域名牌、全国名牌、世界名牌。

农产品品牌建设的目标确定应该根据企业自身的实力，在分析企业经营的宏、微观环境基础上，立足消费者需求进行。一般情况下，企业品牌建设是一个由低到高逐步升级的过程，新企业的品牌战略目标层次较低，老企业的品牌战略目标较高；小企业品牌建设目标设定较低，大企业品牌建设的目标设定较高。

(四) 选择品牌的目标市场

企业在确定自身生产什么产品后，要选择目标市场，确定将产品卖向哪个细分市场。农业企业目标市场选择要考察的因素主要有以下几个方面。

1. 本企业经营的农产品特点

本企业经营的农产品特点，包括农产品的品质、功能、特色、产品文化等。农产品的功能不仅要用于满足生存需要，还要满足享受需要。特色是指该产品与同种农产品相比是否具有口感好、形象好等特点。产品文化是指该产品是否具有可以用于宣传的文化背景，如"宫廷专供大米"等。

2. 品牌的消费者特点

只有消费者特点适合企业经营目标，才能将其设定为本企业的目标市场。有些消费者群体的行为特点、决策思路和影响因素不适合本企业经营目标，企业就不能将其确定为自身目标市场。例如，某农业企业品牌建设的目标是成为区域性高档海参产品品牌，进行目标市场分析后发现，消费者可分为 5 个层次，而该海参经营企业根据自身条件只能将最高两个层次的消费者确定为自身目标市场，因为其他三个层次不符合企业的经营目标。

3. 本企业面对的农产品市场特点

市场特点包括市场容量、竞争状况、渠道特点等因素。如果市场规模过小，企业进入后就得不偿失，获利太小，甚至亏损。市场规模的大小是相对于企业规模而言的，只要相互适应就是最好的。市场竞争状况也是市场特点之一。当竞争者较少时，可以采用无差异营销策略；当竞争激烈时，应采取选择性营销策略或差异性营销策略。农产品的零售渠道主要是农贸批发市场、超市农产品柜台、农产品专营店和直供几种模式。对适合农贸市场的农产品，进行农产品品牌建设的作用不是很大，因为农贸市场的农产品品牌保护机制目前还不健全，农产品品牌易受伤害。而适合超市经营和直供的农产品建设品牌意义重大，且成功概率要比农贸市场农产品大得多。

4. 本企业实力

本企业实力，主要包括企业的生产能力、销售能力、资金实力、技术开发能力、经营管理水平和品牌推广能力等。如果农业企业实力强，就可以采用无差异营销策略或差异性营销策略，把整个市场都作为企业的目标市场；如果企业实力较弱，则应将有限的资源集中于一个细分市场，采用选择性营销策略。

（五）品牌定位规划

农产品品牌定位的方式主要可以从功能、情感、品质、价格、档次、文化等方面来考虑。

1. 农产品品牌的消费形态或使用功能定位

按照产品消费形态或使用功能进行产品细分也是现代快消品企业进行市场细分的一种常用手段，对于农产品企业来说这也是值得深入借鉴的。

2. 农产品的情感定位

有时消费者购买某个品牌的产品时，不仅要获得产品的某种功能，更重要的是想通过品牌表达自己的价值主张，展示自己的生活方式。只要品牌的情感诉求被消费者认同，该品牌就为消费者创造了产品功能以外的更多利益，消费者对价格的关注程度就会降低。只有不断增强品牌的人性创意和审美特性，占据消费者的心智，激起消费者的联想和情感共鸣，才能引起消费者的兴趣，促进购买。褚橙就是在挖出了"励志橙"的情感定位后开始火起来的。褚时健大半生的跌宕起伏经历，乃至暮年雄心，都成了"励志橙"最好的注脚和背书。

3. 农产品品牌品质定位

品质定位就是以农产品优良的或独特的品质作为诉求内容，向那些主要注重产品品质的消费者进行诉求的一种方式。例如，针对孕妇高端月子米、针对儿童宝宝粥米、针对糖尿病患者的益糖米等。

4. 农产品品牌价格定位

价格是影响绝大多数消费者购买行为的非常重要的因素，以价格的高低来确定产品的档次是消费者的普遍心理。五粮液集团有限公司系统研制开发了五粮春、五粮神、五粮醇、六和液、长三角、两湖春、现代人、金六福、浏阳河、老作坊、京酒等几十种不同档次、不同口味的产品，能够满足不同区域、不同文化背景、不同层次消费者的需求。

5. 农产品品牌档次定位

不同档次的品牌带给消费者不同的心理感受和体验。档次定位通常与价格联系起来。高档次的农产品品牌往往被赋予很强的表现意义和象征意义。

6. 农产品品牌文化定位

文化是品牌的灵魂，将文化内涵融入品牌，形成文化上的品牌识别，被称为品牌文化定位。文化定位能大大提高品牌的定位，使品牌形象更加独具特色。"小糊涂仙"酒就成功实施了文化定位,他们借"聪明"与"糊涂"反衬,将郑板桥的"难得糊涂"名言融入酒中。

二、农产品品牌创立阶段

农产品品牌的创立阶段主要包括农产品品牌识别系统的设计、品牌注册、品牌产品上市、品牌文化的形成等内容。

(一)农产品品牌识别系统的设计

识别系统设计是品牌创立的基础,也是品牌培育和扩张的基础。品牌识别系统贯穿于品牌建设的全过程,是相对固定的,不能轻易改变。如果改变品牌识别系统将会给企业造成巨大的损失。因此,精准设计品牌的识别系统极其重要。

农产品品牌识别系统的主要设计思想是将农业企业的经营理念、行为规范和视觉识别"三位一体"进行系统性分类,从战略的角度来体现农业企业的内涵、文化、形象。完整的品牌识别系统由三部分组成,即品牌理念识别系统(BMI)、品牌行为识别系统(BBI)、品牌视觉识别系统(BVI)。系统中的3个组成部分,各有功效,相互配合,不可分割。

农产品品牌识别系统的设计步骤为:第一步,建立农产品品牌理念识别系统,为农产品消费者提供品牌理念支持。第二步,建立农产品品牌行为识别系统,统一品牌所有者的行为规范。第三步,建立农产品品牌视觉识别系统,统一品牌所有者的产品、店面、包装等有形物体的形象。在农产品品牌识别系统的执行过程中,应将农产品品牌理念识别系统中的内涵与要求寓于行为识别系统和视觉识别系统之中,并使其内涵、形象和风格在社会公众面前得以全面展示。

(二)农产品商标注册

农产品品牌在经过识别系统设计后,要经过注册才能成为具有法律效力的商标。农产品不但需要注册产品商标,还需要申请质量标志和集体商标。质量标志的申请是企业根据自身经营目标的要求，向农业农村行政主管部门授权的机构申请质量水平认证，认证的种类主要是绿色食品和有机食品。集体品牌包括一般集体品牌和地理标志，其中一般集体品牌标志的申请与企业标志申请的办法相同，不过申请者往往是农业行业组织（协会）或农业合作经济组织等集体单位，不是企业。

农产品商标注册的步骤如下：第一是进行品牌查询，查询的目的是避免商标名称、标志与别人相同或相近，保证注册的商标有专用性。第二是进行设计修改，在查询后发现与其他人相近或相同的商标名称或图案要及时进行修改，以免日后形成商标纠纷。第三是进行注册申请，具备上述两个条件后，申请者可申请办理商标注册。申请者填写《商标代理委托书》和《商标注册申请书》，交纳一定的申请费后，就可委托商标事务所向国家知识产权局商标局递送、备审。商标在审查中无任何异议，商标局在受理申请9个月内，发布初审公告并寄送申请人。公告日起3个月后，即发放正式商标注册证，申请者也可开始合法地使用自己申请的注册商标。

（三）品牌农产品投放市场

品牌农产品投放市场过程是品牌被消费者认知的起点，主要需要完成如下工作：首先，选择符合品牌质量定位要求的农产品投放市场。由于农产品质量具有稳定性差的特点，农产品投放市场要保证农产品的新鲜度、外观美观度、质量安全度、口感等质量指标。其次，要合理确定品牌农产品的价格，品牌产品的价格不是越低越好，也不是越高越好，价格过低难以获得合理利润，无法实现企业可持续发展；价格过高难以获得消费者认可，品牌推广难以实现。因此，要根据产品定位慎重决定农产品价格。再次，要建立合理的销售渠道。渠道的长短影响着农产品的成本和营销效率。最后，要着手进行品牌推广。一套完整的品牌推广计划的实施可以让消费者从正面了解品牌产品的定位、文化、质量、企业核心理念等，能够对品牌建设起到事半功倍的效果。最后，要做好品牌农产品的物流工作，注重农产品物流环节的保鲜问题，合理安排，尽量降低物流成本。

（四）农产品品牌文化内涵的确定

随着品牌农产品投放市场，消费者对品牌农产品会形成品牌认知，品牌认知的内容不仅是其外在品牌识别系统，还有内在的农产品品牌文化。所以，农产品品牌文化随农产品上市开始逐步形成并传播。农产品品牌文化是农产品品牌中的经营观、价值观、审美观等的体现。在农产品品牌塑造过程中，品牌文化作为最核心、最不易被模仿的部分，在品牌建设中发挥着巨大的作用。农产品品牌文化的内涵挖掘可以从农产品所处的自然地理环境、历史、人文三方面进行。

（1）地理因素。具体表现在地理环境、土壤、气候、光照、湿度等生态条件方面。在梳理自然地理条件时，可从特征、优势、利益到证据的思路来进行。

（2）历史因素。历史积淀下来的精华，具有无与伦比的竞争优势。像代表"功夫茶文化"的安溪铁观音，是乌龙茶中的极品。安溪是铁观音茶的发源地，迄今有270年的历史。

（3）人文因素。区域农产品的生产加工往往体现着当地的传统文化和居民的创造智慧，形成有关农产品的传统生产方式和制作工艺。如云南普洱茶，体现了云南民族文化中包容性、开放性和兼容性的特点，其特殊的制作工艺和皇家贡茶的历史光环及适应现代崇尚健康的时尚追求，赋予了普洱茶多元文化内涵和独特的文化韵味。

品牌建设各要素在品牌创立阶段有其自身特点：第一，质量满意度达到规划要求。这个阶段是消费者对产品质量、定位、文化等品牌要素的印象形成期，企业要精选优质产品投放市场。第二,价格竞争力处于弱势。这一时期企业管理成本、品牌推介成本都很高,而企业收益很少,这种情况下的价格竞争力将是较弱的。第三,品牌联想美誉度没有形成。这个时期农产品刚刚投放市场,品牌在消费者心中还没有形成美誉度和联想度,企业应该踏踏实实进行美誉度建设,逐步实现好的联想效果。第四,品牌知名度方面处于较低水平。刚刚开始的品牌推广,几乎是从零起步,消费者的提及知名度和未提及知名度都很低。

三、农产品品牌培育阶段

农产品品牌培育阶段是品牌建设的实质性阶段,也是农产品品牌建设时间最长、影响力最广、难度最大的阶段。这一时期的品牌建设要素特点表现在以下几个方面:第一,质量满意度开始形成。农产品的质量标志、地理标志、种质标志注册逐步完成,消费者选择的依据更加清楚,农产品质量的保障措施趋于完善,农产品品牌总体水平趋于稳定。第二,价格竞争力增强。企业已经有一定的资金实力,消费者对品牌定位已经形成,可以开展一定的竞争导向定价策略。第三,品牌联想美誉度逐步建立。已经具备一定的联想美誉度,且美誉度水平逐步上升。第四,品牌知名度有了一定的基础。随着品牌建设过程的不断深入和品牌传播时间越来越长,品牌知名度也越来越高。

四、农产品品牌扩张阶段

在企业发展达到一定规模,建立了良好的品牌形象后,企业为进一步稳定市场地位或实现跨越式发展,需要进行品牌保护、品牌延伸、品牌连锁、品牌国际化等品牌经营活动。

(一)农产品品牌保护

当企业品牌有了一定的知名度后,如何有效地对企业的品牌加以保护,是企业面临的艰巨任务。品牌保护指的是对品牌名称、标志、图案及其体现品牌个性的标志性要素进行保护的过程。品牌保护可通过以下措施实现：第一，保护农产品注册品牌名称与标志。通过多注册一些与品牌名称、标志相同或相近的品牌名称、标志，使其他人不能再注册。第二，保护品牌注册的农产品范围。多注册一些产品种类，为以后本企业品牌延伸提供空间。第三，保护品牌注册的区域。尽可能在广泛的区域内进行注册，甚至可以提前到国外进行品牌注册。第四，实施驰名商标保护。根据国际惯例和我国法律，驰名商标的保护不仅限于相近种类的产品，还保护相近产品以外的产品。第五，实施商标和品牌质量认证双保险品牌保护。广义的农产品品牌包含农产品质量标志，农产品质量认证标志的标签是由政府或授权机构控制的，受政府监督，假冒者获得认证标签的难度较大、成本高。

（二）农产品品牌延伸

农产品的多种类、多品种特征十分明显，且质量每时每刻都在发生变化，所以品牌延伸覆盖哪些种类，是一个很值得研究的问题。农产品品牌延伸的原则主要包括以下 4 个方面。

（1）延伸产品必须符合母品牌农产品的质量标志特征。一个一直经营绿色农产品的农业企业，其品牌质量特征早已被消费者熟知，就不能利用原有品牌经营有机蔬菜；否则，容易造成品牌特征的模糊，结果很可能导致品牌投入前功尽弃。

（2）延伸产品必须符合企业长远战略。不符合企业长远战略的暂时盈利的延伸产品项目，有可能使公司发展计划遭到破坏，使企业迷失方向。例如，原本经营柑橘的企业，突然看到市面上养猪利润较高，就利用原来的柑橘品牌经营猪产品，就会严重影响消费者对母品牌的战略方向的认知。

（3）农产品品牌延伸一定要符合消费者文化认知。例如，一个成功的饲料品牌突然延伸到熟肉制品，无论饲料产品品牌名气多大，其熟肉制品质量再好，品牌延伸也不会成功。

(4) 要注意延伸产品要符合公司的资源优势。例如,市场上樱桃价格较高,但本地的土壤环境不适合樱桃种植,但偏要移植栽培樱桃进行经营,结果肯定要失败。

(三) 农产品品牌连锁

强势的品牌建设离不开广泛区域上的连锁经营,连锁经营也是品牌推广的主要途径之一。以农产品生产基地为依托,以农产品龙头企业或连锁企业总店为核心,能将农产品销售突破地区经营和季节限制,向城市多渠道延伸、渗透。品牌连锁经营类型有直营直销式、自愿加盟式、特许加盟式、委托加盟式4种。

(四) 农产品品牌国际化

农产品品牌经营发展到一定阶段也必须通过国际化巩固市场地位,扩大影响。品牌国际化是指使品牌成为国际品牌,即在国际上有较大影响力的品牌的行为过程。要想在全球范围内营造一个品牌,困难是巨大的。每一个竞争对手,尤其是本国的竞争对手都会对外来的入侵者高度敏感。此外,不同国家之间在语言、信仰、生活和消费习惯方面会有很大的不同,产品的特性和价格也会有很大的不同,这就增加了品牌国际化的难度。农产品品牌国际化是品牌经营发展到一定规模后的必然选择。品牌建设相对成熟、国内消费者普遍认可,或者已经成长为全国名牌的农产品品牌,才应该根据自身品牌战略的安排,进行品牌国际化扩张。在没有练好内功的情况下,不要考虑进行农产品品牌国际化。

农产品品牌国际化是农业企业将品牌推向国际市场并期望实现国际市场认可和品牌扩张的过程。这是一个长时间的品牌建设和推广过程,任何品牌都不可能一蹴而就。例如,雀巢咖啡等农产品品牌国际化用了几十年甚至上百年时间。农产品品牌国际化也是企业赢得国际市场的过程,不是品牌只要出国经营就算国际化了,还需要在国际市场上取得竞争优势,获得顾客足够的忠诚度。同时,农产品国际化也是国家农业品牌的重要内容。如泰国大米、新西兰牛奶、法国葡萄酒等，都具有高品质农产品品牌形象。一旦形成国际化品牌形象，就长期影响着消费者的选择。

品牌国际化常用方式有两种：一是国内生产，但产品销往国外；二是在国外也设立分公司，实现全方位的扩张。第二种方式是世界著名大公司经常使用的方式，如可口可乐、雀巢等。东西方国家民众的饮食结构各不相同，每个国家消费者食品消费习惯也各不相同，所以企业要在产品组合上多考虑目标市场国家消费者的特点，品牌经营实现本土化，做到因人而变，因情而变。

第三章 农产品生产过程的质量安全控制

第一节 农产品生产环境要求

一、生产环境对农产品安全的影响

(一) 大气环境对农业生产的影响

大气质量的好坏直接影响农作物的产量和质量。如果大气受到污染,就会对农作物带来直接或间接的不良影响和危害。长期以来主要是工业企业排放的污染物影响农业生产,但近些年乡镇企业的迅速发展加剧了农村大气质量下降,直接威胁农业生产。大气污染不仅造成农产品的危害,导致经济损失,而且还通过食物链引起以植物为食物的各种动物产生疾病甚至死亡,带来间接的经济损失。因此,在选择农产品产地时,需要考虑大气污染和防治问题。

大气污染物种类繁多。据有关资料表明,已被人们注意的引起人体及动、植物产生危害的大气污染的种类达100多种。在我国农村,主要的大气污染物有二氧化硫(SO_2)、氮氧化物(NO_x)、总悬浮颗粒物(TSP)及氟化物等。

大气污染对作物的危害可分为两种类型:一种是气体污染物(有害气体),通过叶片气孔进入植株体,通过破坏叶片内的叶绿体影响植物的光合作用、呼吸作用、受精能力和酶活性等一系列过程干扰植物生长发育、降低作物产量和品质但不造成残留；另一种则是颗粒状污染物中的重金属毒物以及含氟气体等，它们被作物吸收或吸附后，既会影响作物生长，又会残留于作物体内，造成残留污染。

大气污染对动物的危害主要是通过畜禽食用受污染的牧草、饲料等发生的。如饲料含氟超过 30~40 毫克/千克，牛吃了以后会患氟中毒症。

（二）水体环境对农业生产的影响

水是农业生产的重要资源，也是生物生长的必需物质。水是植物进行光合作用的主要成分之一。水的理化性质直接影响作物的生长。

在种植业生产中，如果灌溉水的质量不符合标准或者用污水进行灌溉都会对安全生产产生很大的影响。一方面，水中的污染物导致作物叶片或其他器官受害，导致生育障碍、产量降低；另一方面，某些化学物质在产品内积累，可通过食物链进一步影响动物和人类的健康。

水体污染直接对水产养殖业构成威胁。主要表现在：水中大量的溶解性有机物分解时消耗溶解氧，造成水中溶解氧不足，水生生物缺氧死亡；水中氮磷物质丰富，藻类迅速增殖，水生生态平衡破坏，由于富营养化而引起的水生生物死亡；重金属直接危害水生生物，或通过富集作用使水生生物内重金属含量提高，影响水产品的品质。

因此，畜禽饮用水、加工用水受污染后，均可直接影响畜禽产品、水产品的品质。

（三）土壤环境对农业生产的影响

土壤是绿色植物的基体，土壤受到污染，就会对绿色植物的生长、繁殖带来影响，影响农作物的产量和质量。通过土壤—植物—动物—人体食物链,最终危害人类身体健康。重金属进入环境后不能被微生物降解,一方面在土壤中残留、富集;另一方面被作物吸收,表现出毒害效应。作物受重金属污染,其生长会受到不同程度的抑制,作物产量下降。有资料表明,向土壤投加浓度为3~10毫克/千克的汞后,冬小麦明显减产,而小麦籽粒中汞含量会迅速增加。农药能够防治农业病虫害,调节植物生长,控制杂草繁殖,但施用不当,也会造成土壤污染。此外,不科学的污水灌溉,也会造成土壤污染,进而引起作物污染,如沈阳张士灌区用含镉污水灌溉稻田,导致土壤含镉量平均为5~7毫克/千克,最高者达13.25毫克/千克,糙米含镉量最高达2.6毫克/千克。

二、绿色食品生产环境质量要求

绿色食品产地环境质量现行标准中《绿色食品 产地环境质量》(NY/T 391—2021) 规定了绿色食品的产地生态环境基本要求、隔离保护要求、产地环境质量通用要求、环境可持续发展要求。

(一) 绿色食品产地生态环境基本要求

绿色食品生产应选择生态环境良好、无污染的地区,远离工矿区、公路铁路干线和生活区,避开污染源。

产地应距离公路、铁路、生活区50米以上,距离工矿企业1千米以上。

产地要远离污染源,配备切断有毒有害物进入产地的措施。

生产产地不应受外来污染威胁,产地上风向和灌溉水上游不应有排放有毒有害物质的工矿企业,灌溉水源应是深井水或水库等清洁水源,不应使用污水或塘水等被污染的地表水;园地土壤不应是施用含有毒有害物质的工业废渣改良过土壤。

应建立生物栖息地,保护基因多样性、物种多样性和生态系统多样性，以维持生态平衡。

应保证产地具有可持续生产能力，不对环境或周边其他生物产生污染。

利用上一年度产地区域空气质量数据，综合分析产区空气质量。

（二）隔离保护要求

应在绿色食品和常规生产区域之间设置有效的缓冲带或物理屏障，以防止绿色食品生产产地受到污染。

绿色食品产地应与常规生产区保持一定距离，或在两者之间设立物理屏障，或利用地表水或山岭分割或其他方法，两者交界处应有明显可识别的界标。

绿色食品种植生产产地与常规生产区农田间建立缓冲隔离带，可在绿色食品种植区边缘5~10米处种植树木作为双重篱墙，隔离带宽度8米左右，隔离带种植缓冲作物。

（三）产地环境质量通用要求

空气质量、农田灌溉水水质要求、渔业水水质要求、畜禽养殖用水水质要求、加工用水水质要求、食用盐原料水水质要求、土壤环境质量要求、食用菌栽培基质量要求分别符合《绿色食品 产地环境质量》（NY/T 391—2021）中的要求。

（四）环境可持续发展要求

（1）应持续保持土壤地力水平，土壤肥力应维持在同一等级或不断提升。

（2）应通过合理施用投入品和环境保护措施，保持产地环境指标在同等水平或逐步递减。

三、有机产品产地环境质量标准

有机农业生产的基地应选择在没有污染源的区域，严禁未处理的工业"三废"、生活垃圾和污水进入有机农业生产用地，符合《有机产品　生产、加工、标识与管理体系要求》(GB/T 19630—2019)。进行有机农业生产地区的土壤环境质量符合《土壤环境质量　农用地土壤污染风险管控标准(试行)》(GB 15618—2018)中的二级标准。农田灌溉用水水质符合《农田灌溉水质标准》(GB 5084—2021)的规定。环境空气质量符合《环境空气质量标准》(第1号修改单)(GB 3095—2012/XG1—2018)中的二级标准的规定。

第二节　种植业农产品生产的质量安全控制

一、农药残留的控制

(一)建立健全农药法规标准,加强农药管理

为了保护生态环境,防止农药造成的急性及慢性中毒危害,提高使用的安全性,许多国家设有专门的农药管理机构。现在世界上包括我国在内的大多数国家从法规上对农药使用、生产和开发做出了一系列的规定,实行了农药注册登记制度,要求对农药进行一系列的安全评价。确保安全后才能允许生产,力求把农药的危害降至最低限度。我国也很重视农药管理,2022年3月第二次修订通过《中华人民共和国农药管理条例》,规定农药的登记和监督管理工作主要归属农业农村主管部门,并实行农药登记制度、农药生产许可制度和农药经营许可制度。未经登记的农药不准用于生产、进口、销售和使用。

在管理工作中,要进一步健全农药管理机构,使农药管理机构从业务管理型转向执法监督和行政管理型。调整农药的品种、结构,强化农药使用管理,减少农药在农产品中的残留。建立健全农药分析监测系统。加强对农村植保人员培训,通过他们把新

技术、新方法和新农药推广下去。根据病虫草害的发生情况及抗性情况，结合抗性治理策略，选用适当的农药品种、正确的用药浓度和恰当的防治时机以及适宜的用药方式等，正确轮用、混用，以最少用量获得最大的防治效果，避免农药对环境的污染和安全农产品生产的影响。

（二）制定和完善农药残留限量标准

世界各国对食品中农药的残留量都有相应规定，并进行广泛监督。我国政府也非常重视食品中的农药残留问题。《食品安全国家标准　食品中农药最大残留限量》（GB 2763—2021）规定了食品中2,4-滴丁酸等564种农药10 092项最大残留限量。

（三）开发高效、低毒的农药，禁止高毒农药的使用

为合理安全使用农药，我国规定在茶叶、烟草、水果和蔬菜等作物上禁止使用滴滴涕、六六六、汞砷制剂等高毒农药；严格按安全间隔期收获，严格按照《农药合理使用准则》（GB/T 8321.1～GB/T 8321.10）施药。同时开发高效低剂量、滞留期短、生物降解迅速、有选择作用、对人类和环境安全的新农药，生物农药等新药剂的研究取得了可喜的进展，并且部分该类农药已投入使用，这将对环境保护起到积极的作用。

（四）去污处理

农产品中的农药，主要残留于粮食糠麸、蔬菜表面和水果表皮，可用机械或热处理的方法予以消除或减少。尤其是化学性质不稳定、易溶于水的农药，在食品的洗涤、浸泡、去壳、去皮、加热等处理过程中均可大幅度消减。如谷物去壳和水果去皮的方法可除去大部分残留农药，水洗或热水烫洗可除去蔬菜水果表面附着的农药；又如对肉类加以油炸、炖煮或烘烤可除去其中25%～47%的滴滴涕。植物油经精炼后，残留的农药可减少70%～100%。马铃薯经洗涤后，马拉硫磷可消除95%，去皮后消除99%。

二、肥料污染的控制

（一）严格把关，确保肥料质量安全

严格执行《中华人民共和国农业法》《中华人民共和国农业技术推广法》及《肥料登记管理办法》等相关配套法规，积极推广质量优、安全性强、效果佳的肥料品种；建立健全肥料生产质量保证体系，生产经营的肥料质量符合相应的国家标准、行业标准、地方标准和企业标准以及《肥料标识 内容和要求》（GB 18382—2021），扎扎实实地抓好肥料生产、加工、包装、销售等全过程的质量监控，保证肥料质量达到农业安全生产要求，确保农民用上"放心肥""安全肥"。

（二）加强肥料管理

加强产地土壤环境质量评价，设立长期土壤监测点，对灌溉水质、土壤施肥水平、植株农药残留进行监测，为科学施肥提供依据。加强对肥料中有毒有害物质的监测，严格实行肥料准入制度，加强产前、产中肥料质量监控，加快平衡施肥技术推广，实施控肥增效工程。科学引导对有机废物资源化、无害化的开发利用，增加对农田优质有机肥的投入。

（三）科学施肥

根据优化配方施肥技术，科学合理施肥。总的原则是：以有机肥为主，适当减少化肥使用量，使有机和无机肥料配合使用；以多元复合肥为主，单元素复合肥为辅；以施基肥为主，追肥为辅；有机肥应经过高温堆沤腐熟，杀死病菌、虫卵后施用；大量使用堆沤肥、厩肥、作物秸秆、饼肥、腐殖酸类肥料和微生物肥料等有机肥，禁止使用以垃圾和污泥为原料的肥料，保证肥料质量，推广平衡施肥、秸秆还田、控氮技术，严格控制氮肥的施用量，提高氮肥利用率；加强生物肥料，特别是微生物肥料等新技术的研究、开发和推广；改进施肥和灌溉技术；研究推广设施栽

培和无土栽培技术。另外，为降低污染，充分发挥肥效，应实施配方施肥，即根据农作物营养生理特点、吸肥规律、土壤供肥性能及肥料效应，确定有机肥、氮、磷、钾及微量元素肥料的适应量和比例以及相应的施肥技术，做到对症配方。

三、农膜污染的控制

加强环保宣传教育，制定奖惩政策，大力宣传农田残膜危害土壤和污染环境的严重性，深化农村广大群众对残膜危害的认识，同时实施奖励政策，把清除农田残膜变成广大农民的自觉行为。

推广残膜回收技术，可分为作物收后收膜、作物苗期收膜和耕整地收膜。减轻污染危害，对利用残膜为原料进行加工生产的工厂，应按国家有关利用"三废"的政策，减免税收。

通过合理的农艺措施，增加农膜的重复使用率，相对减少农膜的用量，减轻农膜污染。如"一膜两用""一膜多用"、早揭膜、旧膜的重复利用、农业生产组合等成熟技术。

第三节　畜牧业农产品生产的质量安全控制

一、饲料环境控制

（一）外部环境

外部环境包括畜禽舍周边的环境、地形地势、水源水质等环境因子。

1. 地形地势

畜禽场所一般应选择地势高、干燥的地方建场，避免在低洼潮湿地建造畜舍，并远离沼泽地区，以保证场内环境的干燥。地势要向阳避风，特别应避开西北方向的山口和长形谷地。尽量避免在山区、谷地或山坝里修建畜牧场。畜牧场的地面要平坦而稍有坡度。地面坡度以 1°~3°较为理想，最大不得超过 25°。地形要开阔整齐，不可过于狭长或边角太多，以免影响建筑物的合理布局，增加生产组织和卫生防疫的困难。

场区的面积要根据畜禽的种类、生产规模，生产工艺（饲养管理方式、集约化程度）等因素确定，在保证生产要求的前提下，应尽量减少用地。如有可能，可预留发展余地。

畜牧场不应建在疫病污染区，附近也不应有此类土壤，要远离污染源（如化工厂、造纸厂、制革厂和屠宰场等）。也要考虑减少畜牧场对周围环境的污染。

2. 土质

作为畜牧场的土壤最好应满足下列条件：透气透水性强，毛细管作用弱，吸湿性和导热性小，质地均匀，抗压性强。在沙土、黏土和沙壤土 3 种典型土壤中，以沙壤土最为理想。如受客观条件的限制，土壤条件稍差，则应在畜舍的设计、施工、使用和其他日常管理上，设法弥补当地土壤的缺陷。

3. 水源

畜牧场在其生产过程中，既要满足畜禽的饮用水，也要满足生产用水，因此，必须有一个可靠的水源。要求畜牧场的水源水量充足，水质良好，便于防护，取用方便，设备投资少，处理技术简便易行。在地面水、地下水和降水 3 类水源中，应当首选地下水。在将地面水作为畜牧场的水源时，应尽量选用水量大、流动的地面水。供饮用的地面水一般应进行人工净化和消毒处理。降水易受到污染，收集不易，储存困难，水量难以保证，故一般不宜作为畜牧场的水源。

4. 周边环境

畜禽场所的周边环境指畜牧场周围的居民区、交通运输和电力供应等状况。

畜牧场的场址应选在居民点的下风处,地势低于居民点,但要离开居民点污水排出口,并与居民点保持一定间距:一般小场200米以上;鸡、兔和羊场500米以上;大型牛场500米以上;大型猪、鸡场1 500米以上。

畜牧场要求交通便利,特别是大型集约化商品牧场,其物资需求和产品产量较大,对外联系密切,故应保证交通方便,但也要考虑防疫卫生条件,与主要公路的距离至少要在300米以上。

畜牧场应有可靠的电力供应,尽量靠近输电线路,并应有备用电源。

(二) 内部环境和布局

内部环境和布局包括畜禽生活环境的气象因素、场所的绿化和清洁卫生、分区规划和布局、生活区设置、生产区场地设施与建筑布局、隔离舍与兽医室、尸体处理设施、粪尿等污染处理场所布局。

1. 气象因素

太阳辐射与畜禽生产力存在密切关系,在高温时,强烈的太阳辐射影响畜体的热调节,破坏热平衡,对家畜的各种生产力都有不良的影响。因此,有必要采取措施防止太阳辐射的不良影响。在牧地上种植遮阴树或搭盖凉棚,是防止太阳辐射的基本措施。合理组织夏季的饲养管理,如实行野营舍饲制,利用青刈牧草、青贮料等饲养乳牛和肉牛,或采用清晨、黄昏和夜间放牧,早晚使役等,都能减轻太阳辐射热的伤害。

空气湿度对家畜的影响与环境温度有密切关系。当家畜处于适温区时,湿度的高低对畜体的热调节和生产性能产生不良影响。一般要求畜舍内的相对湿度以50%~80%为宜。

光照对禽畜也有重要影响,如红外线照射到动物体上,可促进组织的新陈代谢及细胞增生,具有消炎、镇痛等作用。因此,在畜牧生产中，常用红外线作为热源，对雏鸡、仔猪、羔羊和病畜进行照射，不仅可以御寒，而且可以改善血液循环，促进生长发育，效果良好。紫外线的照射具有很多作用，如红斑用于兽医的理疗；紫外线的杀菌作用可用于手术室、消毒室或畜舍内的空气消毒，也可用于表面感染的治疗；紫外线照射具有预防和治疗佝偻病、软骨症的作用，紫外线引起的色素沉着作用可以预防动物内部组织的损害，实现对动物体的保护；增强免疫力和抗病力。此外，紫外线照射还能引起动物的光敏性皮炎和光照性眼炎。

消除畜舍中的有害气体也是改善畜舍空气环境的一项重要措施。由于造成畜舍内有害气体浓度高的原因是多方面的，因此消除舍内有害气体必须采取综合措施。具体措施有：在畜舍内设置除粪装置和排水系统；及时清除粪尿污水；防止舍内潮湿；合理组织通风换气；使用垫料（麦秸、稻草）和吸附剂（过磷酸钾）吸收有害气体。

2. 场地分区规划与建筑布局

在选定的场址上，畜牧场应进行分区规划并进行建筑物的合理布局。畜牧场通常分 3 个功能区，即生产区（包括畜舍、饲料储存、加工、调制建筑物等）、管理区（包括与经营管理有关的建筑物及职工生活福利建筑物与设施等）和病畜处理区（包括兽医室、隔离舍等）。在进行畜牧场分区规划时，应从人畜保健的角度出发，以建立最佳生产联系和卫生防疫条件，来合理安排各区位置。考虑地势和主风方向，应按顺序安排各区。

此外，生产区与管理区应保持 200～300 米的距离（羊场、畜场 500 米），生产区与病畜处理区保持 300 米的距离，各区之间还应有必要的隔离设施，并防止生活区、管理区的生活污水通过地表径流进入生产区。

畜牧场的规划布局，应根据具体条件，在遵循下列基本原则的基础上,因地制宜地制订,而不应生搬硬套现成的模式。

(1)根据生产环节确定建筑物之间的最佳生产联系。畜牧生产过程由许多生产环节组成,各个环节需在不同的建筑物中进行。畜牧场建筑的布局应按彼此间的功能联系统筹安排,否则将影响安全生产的顺利进行。

(2)遵循兽医卫生和防火安全的规定。综合考虑防疫、防火、通风、采光等因素,畜舍间应保持20米以上的间距。在兽医卫生方面不安全的建筑物应位于地势低处及下风向。此外,应保证运料道、牧道与粪道不交叉。

(3)为减轻劳动强度、提高劳动效率创造条件。应当在遵守兽医卫生和防火要求的基础上,按建筑物之间的功能联系,尽量使建筑物配置紧凑,以保证最短的运输、供电和供水线路,并为实现生产过程机械化、减少基建投资、管理费用和生产成本创造条件。例如,饲料库、青贮建筑物、饲料加工调制间等,不仅可以集中于一地,且相距各畜舍的总距离应最小或靠近消耗饲料最多的畜舍;畜舍应平行整齐排列,并尽量布置成方形或近似方形;储粪场应设置在与饲料调制间相反的一侧,并使之到各畜舍的总距离最短等。

3. 畜禽运动场与场内道路的设置

(1)畜禽运动场的设置。为保证畜禽健康,一般都应设置舍外运动场,特别是种用家畜。运动场应选择在背风向阳的地方,一般是利用畜舍间距,也可设在畜舍两侧,或设在场内比较开阔的地方;运动场要平坦、稍有坡度,四周应设置围栏或墙(牛1.2米、猪1.1米),围栏外应设排水沟。

(2)场内道路的设置。要求道路直而线路短;主干道路宽度为5.5~6.5米,支干道路宽度为2.0~3.5米;运输饲料、畜产品的道路不与除粪道通用或交叉;路面坚实、排水良好(有一定弧度)。

4. 畜牧场的公共卫生设施

畜牧场场界要划分明确，四周应建较高的围墙或坚固的防疫沟，以防止场外人员及动物自由进入场区；场内各区之间，应设较矮的围墙或较浅的防疫沟，或结合绿化培植隔离林带；在畜牧场大门及各区域入口处、各舍入口处，应设相应的消毒设施，如车辆消毒池、脚踏消毒槽或喷雾消毒室、更衣换鞋间等。

5. 畜牧场的储粪设施

粪尿分离时，储粪场应设在生产区的下风处，与畜舍保持100米的卫生间距（有围墙及防护设备时可缩小为50厘米），并应便于运往农田。贮粪池的深度以不受地下水的浸渍为宜，一般深1米，大小应视储放时间及家畜种类而定。

当实行水冲清粪时，粪水不分，除要求容积较大的粪水储积池外，还必须具备：①沉淀池或氧化池；②可往粪沟或粪水池中加水的有关设备；③用以提升、抽走粪水的泵、搅动装置、充气装置等；④槽车或灌溉设施以及足以充分利用这些粪水的土地。

6. 畜禽场的绿化

畜牧场的绿化，不仅可以改善场区小气候、净化空气，而且在防疫和防火方面也有一定的作用。绿化的区域有场界林带，场内各区间的隔离林带、场内外道路两旁及运动场的遮阴林。

二、场区畜禽的质量控制

（一）疫病的控制

畜禽疫病的防治措施可分为以预防为目的而采取的预防措施和在发生传染病时所采取的扑灭措施。

1. 预防措施

（1）坚持自繁自养。很多传染病都是从外地引入畜禽的过程中由于误引病畜禽（临床症状不明显）或带菌（毒）畜禽所引起。所以，饲养畜禽以当地自繁自养为最好，不随意引入畜禽，以杜绝病原体的传入。自繁自养是防止畜禽传染病的重要措施之一。

（2）加强检疫。必须引进或购入畜禽时，应委托有关部门（如动物检疫部门、兽医部门）按规定进行严格的检疫，以便及时发现病畜禽或带菌（毒）畜禽，认真处理，消灭传染源。引入的畜禽应在专门的隔离场地进行饲养，进一步观察和检疫，不能随意合群，确实证明健康无病且不带病原体时，才能合群。一般隔离观察时间至少2~3周。

集市贸易市场和畜禽的屠宰场地都是传染病最易传播的地方，应是检疫的重点对象，严禁病畜禽进入市场交易或进行收购、屠宰。检疫时发现的病畜禽或者畜禽产品，应根据传染病的性质和国家的有关规定进行无害化处理。

（3）预防消毒。开展经常性的消毒，可以有效地杀灭外界环境中的病原体，从而达到预防传染病的目的。一般每1~2个月进行一次预防性消毒。消毒前应先对圈舍的墙壁、地面、运动场等进行打扫或清洗，然后再用消毒药液喷洒或涂刷。常用的消毒药物有烧碱水、石灰乳、漂白粉、煤酚皂（来苏儿）液、草木灰液、氨水等。其中石灰乳需现配现用，漂白粉混悬液在48小时内用完，烧碱水加盐使用效果最好。

（4）预防接种。预防接种就是通常说的打预防针，有些还可通过口服、饮水或气雾接种，就是给畜禽注射或服用某种菌苗或疫苗，使畜禽产生对某种传染病的抵抗力，在一定时期内（免疫期）保护畜禽不发生某种传染病。在现在的畜牧业中，预防接种是防治畜禽传染病很重要和有效的措施之一，应当做好畜禽的预防接种工作。

2. 疫苗扑灭措施

畜禽中一旦发生传染病，应立即采取扑灭措施，具体应做好以下几点。

（1）报告疫情。发生传染病时，应立即将发病畜禽的情况、头（只）数、流行范围、主要症状及死亡情况等向当地兽医部门及有关部门报告，以便及时诊断，并采取相应的扑灭措施。

（2）隔离病畜禽。病畜禽是主要的传染源，因此隔离病畜禽是控制传染源的重要措施，可防止病原体的进一步扩散，以便将疫情控制在最小范围内加以就地扑灭。具体方法是划出专门的隔离场地及圈舍，与健康畜禽的饲养场地或圈舍完全断绝来往，配备专人进行饲养。隔离区内的用具、饲料、粪便等，未经彻底消毒处理，不得运出。没有治疗价值的病畜禽，由兽医根据国家有关规定进行严密处理。

可疑感染的畜禽，应另选地方将其隔离、看管，限制其活动，详加观察，出现症状的则按病畜禽处理。没出现症状的畜禽应立即进行紧急免疫接种或预防性治疗。

（3）封锁。发生传染病的地区称为疫区，范围更小一点的如某一个村子或院落称为疫点。当暴发某些重要传染病如口蹄疫、猪水疱病、鸡新城疫等时，应该对疫区或疫点实行封锁。封锁的目的是防止传染病向周围地带扩散，保护非疫区的健康畜禽不受传染，并把传染病迅速扑灭在疫区，不能将它们调到安全区去。

（4）紧急接种。在发生传染病时，为了迅速控制和扑灭疫病的流行，而对疫区和受威胁区内尚未发病的畜禽进行的应急性免疫接种。多年来的实践证明，在疫区内使用某些疫（菌）苗进行紧急接种，效果较好。

在进行紧急免疫接种时，必须对所有受到传染威胁的畜禽逐头（只）进行详细的观察和检查，只能对正常无病的畜禽进行紧急接种，对病畜禽及可能已受到感染的潜伏期病畜禽，必须在严格消毒的情况下立即隔离，不能再接种疫（菌）苗。

（5）临时消毒和终末消毒。临时消毒指在发生传染病时，为了及时消灭病畜排出的病原体所进行的紧急消毒措施，可根据实际需要，多次或每天随时进行消毒。终末消毒指为了解除封锁，消灭疫点内可能残留的病原体所进行的全面彻底的大消毒。

（6）药物预防和治疗。对畜禽进行药物预防和治疗是防疫的一个较新途径，由于某些疫病尚没有安全有效的疫苗，在疫区内采用药物预防方法可收到显著的效果。方法是把抗菌药物加到饲料和饮水中，让畜禽食入或饮入。

对患病畜禽进行治疗，一方面是为了挽救畜禽，减少损失；另一方面也是为了消灭传染病，因而是综合性防治措施的一个组成部分。治疗时应以针对病原体的对因治疗为主，主要是选用特异性的免疫血清、抗生素和化学药物等，杀灭患病畜禽体内的病原体。

（二）品质的控制

1. 抗生素残留的控制

（1）正确选择抗生素种类和确定剂量。根据使用目的、畜禽种类、生长阶段和生产选择安全、有效的抗生素，做到对症下药，并确定安全有效的添加量。治疗时注意一次性投足剂量以达到预期结果。在以防治为目的时，应在兽医处方和指导下方可用于饲料。以促进生长、节约饲料为目的时应尽量少用。

（2）各种抗生素交替使用。抗生素的交替使用，可防止畜禽体内微生物产生且有利于抗生素作用的发挥，并能防止体内残留。

（3）间隔使用。为避免耐药性的产生和畜产品内抗生素的残留，特别是高剂量添加时，有些抗生素要间隔使用。

（4）严格控制添加量。特别是对幼畜、禽和待屠宰的畜禽，严禁投放超过剂量或添加量。

（5）屠宰前严格执行停药期，以便畜产品抗生素的残留降到最低程度。

(6) 抗生素并用时，注意配伍禁忌。

2. 激素残留的控制

（1）加强激素类药物的合理使用规范，包括合理配伍用药、使用兽用专用药，能用一种药的情况下不用多种药，特殊情况下最多不超过3种抗菌药物。对各种兽药制定具体而可行的使用规范。提高人们的食品安全意识，特别是饲养者的食品安全意识。

（2）加强监督检测工作，明确发布禁止用作添加剂的药物名单；对禁用的药物产品的源头进行有效的查封，并追究违法人员的刑事责任。完善标准体系建设和提高检验检测水平，肉品检验部门、饲料监督检查部门以及技术监督部门应该加强动物饲料和动物性食品中的药物残留的检测，建立并完善分析系统，以保证动物性食品的安全性，提高食品质量，减少因消费动物性食品引起变态反应的危险性。在条件允许的情况下，可在畜禽屠宰或肉产品上市前再设一道防线。对动物的血液、尿液、宰杀后的肉及内脏进行检测，以确认是否含违禁药品残留。开发并应用新型绿色安全的饲料添加剂，如微生态制剂、酶制剂、酸化剂、中草药制剂、天然生理活性物质、糖菇素、甘露寡糖、大蒜素等。逐渐替代现有的药物添加剂，减少致残留的药物和药物添加剂的使用。

第四节　水产品安全生产的质量安全控制

水产养殖生产是多环节、多行业参与的综合性生产，要保证最终产品的安全性和标准性，必须对各环节进行全方位的监控，生产中各个细节的运作必须有严格的质控标准。

一、水产养殖环境的控制

水产养殖必须选择周围环境无污染、水源充足、水质良好、进排水方便、日照充足、饲料资源丰富、交通方便的良好生态环境区域,并具备一定的生产规模。水源丰富、水量充足,上游及附近无危及水产品的污染源,水质良好,符合淡水养殖用水质标准。池塘以长方形为宜,长宽比一般为 5:3。池塘一般为东西向,利于接受更多光照,增大受风面积。池底略向排水方向倾斜。池塘坡度以 1:(2.5~3) 为宜,沙土和沙壤土可适当减缓坡度,硬化塘埂可适当加大坡度,池塘进排水系统要完善,不得从相邻养殖池塘进水或排水。池塘应具备防渗、防逃、过滤等设备。

二、苗种的生产和引进

水产苗种生产和引进必须符合《中华人民共和国渔业法》和农业农村部颁布的《水产苗种管理办法》的规定。用于繁殖的亲本必须来源于原种场或良种场,质量符合相关标准。生产条件和设备应符合水产苗种生产技术操作规程,苗种质量符合相关标准。水产苗种应加强产地检疫工作,经检疫合格方可出售或用于渔业生产。国内异地引进水产苗种,应当办理检疫手续,经检疫合格方可运输和销售。具有资质的水产苗种检疫人员应当按照检疫规程实施检疫,对检疫合格的水产苗种出具检验合格证明。水产苗种的进出口必须实施检疫,防止病害传入境内和传出境外。

三、饲料的质量控制

企业生产渔用饲料应当按照农业农村部发布的《饲料和饲料添加剂管理条例》执行。无论单一饲料或配合饲料,其质量均应符合各种养殖种类配合饲料营养行业标准、地方标准。不得使用霉变、变质、受农药或其他有害物质污染的饲料。在饲料中添加矿物质、维生素和油脂等添加剂,应按农业农村部发布的《饲料和饲料添加剂管理条例》执行。添加量应符合行业或地方规定值和推荐值。不得选用国家禁止使用的药物,也不得在饲料中长期添加抗菌药物。

四、疾病的防治

(一) 保证良好的养殖环境

1. 设计和建造养殖场时应符合防病要求

在建场前应首先对场址的地质、水文、水质、生物及社会条件等方面进行综合调查,在各个方面符合养殖要求后才能建场。尤其是水源一定要充足,水的理化性状要适合养殖对象的生长(如大菱鲆不耐高温,否则应考虑降温),不被污染(主要是水源是否有码头、浮油,周边河流入海要考虑河两岸有没有污染源,如化工厂、造纸厂、皮革厂等),不带病原体。每个池塘有独立的进排水泵系统。陆地工厂化养殖应建造蓄水池,进入养殖车间的水应经过蓄水池沉淀。有些品种的养殖(如牙鲆、大菱鲆)用水至少要进行沙滤净化,有条件的可以增设臭氧发生器、紫外线灭菌设施等,这样水经过消毒后再进入养殖车间,能防止病原体从水源中带入。网箱养殖时应充分考虑养殖海区的负载能力,不可盲目加大养殖量,否则很容易造成整个海区水质恶化,形成大面积流行病的暴发。

2. 采用理化方法改善生态环境

陆上工厂化养殖:根据养殖量建造蓄水池,蓄水池如能大些则更理想,深度保持在 2 米以上,有利于保持水质稳定(尤其在夏季高温期)。根据每日用水量建造砂滤池,砂滤池有砂滤井、无阀池等多种形式,根据当地实际条件作合适选择,总的原则是经滤的水须清澈,同时能够满足养殖用水需要。有条件的可以增设臭氧发生器(水族馆目前普遍采用)。将养殖用水经臭氧消毒,则能除去绝大部分有害病原体。水池应定期泼洒漂白粉或其他消毒剂,尤其在夏季高温水质突变的季节。

池塘养殖：每年清除池底过多的淤泥，或排干池水后对池底进行翻晒、冰冻，淤泥不仅是病原体的滋生和储存场所，而且其在分解时消耗水中大量的溶氧，同时产生有毒或有害物，如硫化氢、氨等。定期换水或加注新水，保持水质清新。在主要生长季节，晴天的中午开增氧机或保证水质清新，充分利用氧盈，降低氧债，改变溶氧分布的不均性，改善池水溶氧状况，提高池塘生产力。定期泼撒水质改良剂或底制改良剂，改善水质和底质。

3. 采用生物方法改善生态环境

通过生物的方法，人为地改善养殖水环境中的生物群落，使之有利于水质的净化，增强养殖鱼类的抗病能力，抑制病原生物的生长繁殖。例如，工厂化养殖车间采用生物包技术，可以有效地降低亚硝酸根离子、氨氯等有害成分；采用光合细菌净化水质，可以除去水体中的氨离子及其他有机物的分解产物（亚硝酸盐、硫化氢等），并能通过光合细菌的快速繁殖，抑制其他病菌的繁殖；采用DM_{423}菌粉（止痢灵），DM_{423}菌粉是由菌株培养制成的一种活菌粉制剂，具有与抗生素药物相类似的功能，但不会产生抗药性，且无毒、无残留；利用混养的方法充分利用人工饵料、天然饵料及营养盐类，如红鳍东方鲀与中国对虾、日本对虾的混养可以有效防治虾病的发生，且红鳍东方鲀的养殖效果也明显比单养高。在鱼虾池塘中混养贝类（如海湾扇贝、文蛤、牡蛎、菲律宾蛤仔等）有滤水作用，可抑制浮游生物的过量繁殖。

(二) 控制和消灭病原体

1. 制定和严格执行检疫制度

目前国际和国内各地区间水产动物的移植或交换日趋频繁，由于移植海水养殖动物随之带进严重疾病而造成重大损失的例子已有很多，因此，必须制定严格的检疫制度，对于国际或国内不同地区间水产养殖动物的移植运输，应当进行严格的检疫，防止病原随着动物的运输而传播。特别是对一些国家或地区特有的危害严重的传染病，要深入了解其宿主范围、分布地区、发病的环境条件、病原的形态特征和生活史、疾病的症状和潜伏期等，才能有针对性地进行检疫。检疫方法是除了用微生物和寄生虫学的方法详细检查动物的体表和体内各器官组织有无携带病原或明显症状外，还要尽可能将运入或运出的动物放在一个与外界水体隔离的池塘中，饲养观察一段时间（一般为15天左右或针对某一疾病的潜伏期而定），如果动物身上携带病原，在这段时间内就会发生疾病。在证明没有携带病原后才能准许运进或运出。

2. 彻底清洗

清池包括清除池底淤泥和池塘消毒，育苗池、养成池、暂养池或越冬池在放养前都应清池。育苗池和越冬池一般都用水泥建成。新水泥池在使用前1个月左右就应灌满清洁海水，浸出水泥中的有毒物质，浸泡期间应隔几天换一次水，反复浸洗几次以后才能使用。已用过的水泥池，在再次使用前要彻底洗刷，清除池底和池壁污物后再用适宜浓度的高锰酸钾或漂白粉等含氯消毒剂溶液消毒，最后用清洁海水冲洗干净，再灌水使用。

养成池和暂养池一般为土池。新建的池塘一般不需要浸泡和消毒，如果灌满水浸泡2~3天，再换水后放养更加安全。已养过鱼虾的池塘，因在底中沉积有大量残饵和粪便等有机物质，形成厚厚的一层淤泥。这些有机质腐烂分解后，不仅消耗溶解氧，产生氨、亚硝酸和硫化氢等有害物质，而且成为许多病原体的滋生基地，因此应当在养殖空闲季节，即冬季或春季将池水排空，将淤泥尽可能挖掉。养前用药物消毒。消毒时应在池底留有少量水，盖过池底即可，然后用适宜浓度的漂粉精、漂白粉，溶于水中后均匀泼洒全池，过1~2天后灌入新鲜海水，再过3~5天后可放养。

3. 机体消毒

实践证明，即使健壮苗种，也难免有一些病原体寄生，因此消毒后的池塘，如放入未经消毒处理的水产动物苗种或亲本，又会把病原体带入，一旦条件适宜，便大量繁殖而引起发病。所以，从预防疾病为主出发，切断传染途径，在放养或转池时都应该进行机体消毒。在机体消毒前，应认真做好病原体的检查工作，针对病原体的不同种类，选择适当方法进行消毒处理，才能取得预期的效果。

4. 饲料消毒

投喂的配合饲料若清洁、新鲜、不带病原体、无霉变，一般不进行消毒。喂活饵料应用淡水冲洗干净后再喂，储存时间过长时应防止氧化变质；卤虫卵用适宜浓度的漂白粉或甲醛浸泡消毒，淘洗干净后再孵化；育苗时投喂天然轮虫、卤虫前应将其冲洗干净，再加适宜浓度的抗生素消毒 0.5 小时后投放。

5. 工具消毒

养殖用的各种工具往往成为传播疾病的媒介，因此，发病池所用的工具应与其他池塘的使用工具分开，避免将病原体从一个池带入另一个池。如工具缺乏，无法做到分开时，应将发病池用过的工具消毒处理后再使用。一般网具可用适宜浓度的硫酸铜水溶液或高锰酸钾水溶液、福尔马林溶液、纯淡水等浸泡 0.5 小时；木质或塑料工具可用 5% 漂白粉水溶液消毒，然后用清水洗净后再使用。

6. 食场消毒

食场内常有残余饲料，腐败后为病原体的繁殖提供有利条件。此种情况在水温较高、疾病流行季节最易发生，所以除了注意投饵适量，每日捞除剩饵及清洗食场外，在疾病流行季节应定期在食场周围遍撒漂白粉、硫酸铜或敌百虫进行杀菌、杀虫，用量要根据食场的大小、水深、水质及水温而定。

7. 疾病流行季节前的药物预防

大多数疾病的发生都有一定的季节性，多数在 4—10 月流行。因此，掌握发病规律，及时而有计划地进行药物预防，是一种有效的措施，如在食场周围挂药袋或药篓，形成消毒区，利用水产动物来食场摄食时，反复通过数次，达到预防目的。网箱养殖可在网箱四周挂药袋或药篓。应注意，养殖鱼类对该药的浓度应高于治疗浓度，否则不能使用此法。

（三）加强饲养管理

可采用如下措施：放养健壮的鱼苗和适度的密度；饵料应质优适量；操作要细心；经常进行检查；在日常管理工作中要防止病原传播。

（四）免疫预防

水产动物之所以能健康地生活在水中，是因为它们本身存在若干有效防御机制。当病原体侵入机体，机体动员自身的防御力量进行一系列的生理反应，这些反应包括阻止病原体的入侵、阻止入侵者的生长繁殖、控制其传播、消除病原体的病害作用、修复机体的损伤。水产动物对病原体的这种抵抗能力，叫作免疫力。免疫对感染来说是相对的，处于动态平衡中，一旦病原体与机体的平衡遭到破坏，机体就受到病原体的袭击，出现症状，即被感染。但是，提高水产动物的免疫力可以达到减少疾病发生频率的目的。

（五）合理使用渔用药物

在水产动物病害防治中，推广使用高效、低毒残留药物，建议使用生物渔药。严禁使用未取得生产许可证、批准文号、生产执行标准的渔药。病害发生时应对症用药，防止滥用渔药与盲目增大用药量或增大用药次数、延长用药时间。

第四章 农产品加工过程的质量安全控制

第一节 粮食产品加工过程质量管控

一、粮食制品质量方面存在的危害性因素

(一) 粮食及其制品中可能存在的化学性危害

主要的化学污染物包括农药、不当使用的食品添加剂、食品工业有害物质等。

1. 农药残留

农药对人体产生的危害,包括致畸形、致突变性、致癌性以及对生殖和遗传的影响。

2. 食品添加剂

不正确使用可导致的安全问题有急性和慢性中毒;引起变态反应,如糖精可引起皮肤瘙痒症;在人体内蓄积;食品添加剂有些转化物为有害物质;部分添加剂被确定或怀疑具致癌作用。

3. 食品工业有害物质的污染

污染途径有大气污染、工业废水污染、土壤污染、容器和包装材料的污染等。

(二) 粮食及其制品中可能存在的生物性危害

生物性危害按生物的种类主要分为霉菌危害、细菌危害、昆

虫危害（蝇类、蟑螂和螨类造成的危害）等。

1. 霉菌危害

粮食上的真菌包括寄生菌、腐生菌和兼寄生菌。腐生菌在粮食上的数量最多，对粮食危害最大。粮食中典型的腐生菌是曲霉和青霉，这些腐生菌是造成粮食霉变发热、带毒的主要菌种。霉菌侵染粮食后可发生各种类型的病斑或色变。霉变的粮食营养价值降低，感官性状恶化，更为重要的是霉菌毒素对人体可能造成严重危害。

2. 细菌危害

一般而言，细菌不会引起粮食发热，因为细菌活动需要游离的水存在，同时只有粮食籽粒表面出现孔道或创伤时，细菌才能进入粮食籽粒内部，并进入活跃期。但是，粮食的磨粉加工可以引起细菌的生长繁殖及食物变质。

3. 昆虫危害

有粮食害虫、螨类、蝇类和蟑螂等。同时，有毒植物混入粮食及其制品也会引起危害。粮食作物中有时会混入一些有毒的杂草籽粒等，如不严格筛选将其有效去除，也会给食用者造成一定的危害。

（三）粮食及其制品中可能存在的物理性危害

粮食及其制品中物理性危害是指粮食及其制品中存在着非正常的具有潜在危害的外来异质，常见的有玻璃、铁钉、铁丝、铁针、石块、铅块、骨头、金属碎片等。当粮食及其制品中有上述异物存在时，可能对消费者造成身体伤害。

粮食及其制品中物理危害的来源，一是原料中存在的物理性危害，二是加工过程中混入的异物。

二、粮食贮藏中存在的质量安全问题

（一）稻谷贮藏中存在的质量安全问题

稻谷在贮藏期间，由于其本身呼吸作用以及受微生物与害虫生命活动的综合影响，往往会发热、霉变、生芽，导致稻谷品质劣变,丧失生命力,造成重大损失。稻谷呼吸作用和微生物与害虫生命活动的强弱,与稻谷的水分、温度以及大气的湿度与氧气等因素密切相关,其中,水分与温度又是最主要的因素。在保管过程中要通过控制各种因素把稻谷呼吸强度和微生物与害虫的生命活动压制到最微弱的程度,以防止稻谷发热、霉变、生芽,确保稻谷安全贮藏。

(二) 小麦贮藏中存在的质量问题

小麦种皮较薄,无外壳保护,组织松软,含有大量的亲水物质,吸水能力强,极易吸附空气中的水汽,易滋生病虫,引起发热霉变或生芽。其中,白皮小麦的吸湿性比红皮小麦强,软质小麦的吸湿性比硬质小麦强。吸湿后的小麦籽粒体积增大,容易发热霉变。此外,小麦是抗虫性差、染虫率较高的粮种。除少数豆类专食性虫种外,小麦几乎能被所有的贮粮害虫侵染,其中,以玉米象、麦蛾等危害最严重。

(三) 玉米贮藏中存在的质量安全问题

玉米外层有坚韧的果皮,透水性弱,但水分较容易从种胚和发芽口进入,不利于安全贮藏。玉米同一果穗的顶部与基部授粉时间不同,致使顶部籽粒成熟度不够,成熟度往往很不均匀。种子成熟度的差异会导致脱粒时籽粒破碎增多。受热害或晚秋玉米受冻等原因,均能增加种子生理活性,促使呼吸作用增强,不利于安全贮藏。玉米胚部大,易吸水且脂肪含量高,胚部的脂肪酸值远远高于胚乳,酸败首先从胚部开始,同时胚部水分高,营养丰富,易生霉。

三、粮食生产的质量安全控制

(一) 小麦面粉生产的质量安全控制

1. 小麦清理

(1) 清理流程。小麦清理流程通常包括下述步骤的一部分或全部：初清（初清筛）→筛选（带风选）→去石→精选→磁选→打麦（清打）→筛选（带风选）→着水→润麦→磁选→打麦（重打）→筛选（带风选）→磁选→净麦仓。

（2）安全卫生控制方法。用磁选器清理，避免集结的金属掉到麦粉中；检查去石机或去石分级机的筛面磨损情况，光滑的筛面不利于石子上爬；保证润麦用水的清洁卫生，贮水箱定时清洁消毒；采取有效方法，尽量缩短润麦时间，防止微生物生长繁殖；润麦仓要合理周转使用，保证着水后的小麦或洗过的小麦能及时进行润麦。

2. 小麦研磨

（1）研磨方法。小麦研磨是通过磨齿的相互作用将麦粒剥开，从麸片上刮下胚乳，并将胚乳磨成具有一定细度的面粉。同时，应尽量保持皮层的完整，以保证面粉的质量。

（2）安全卫生控制方法。定时清理磨粉机磨膛内壁的残留面粉，杜绝微生物污染；及时清理堆积在车间内的下脚料，保证面粉生产的环境卫生；加强对员工的生产管理、卫生管理的培训和教育，提高员工的卫生意识；物料回机应严格按原则执行，不能随便回机。

（二）大米生产的质量安全控制

1. 原料中杂质控制

（1）化学性危害控制。选择耕地必须远离化工企业、制革企业、冶炼企业等高危产业的场地，选择具有良好抗逆性和抗病性的水稻品种，建立良好的耕作制度，防止滥用化肥和农药造成的污染。

（2）生物性危害控制。加强田间管理，收获后及时清理，控制有毒植物和有害杂草籽混入；控制贮藏环境的温湿度条件，防止粮食霉变产生毒素，对已经污染的粮食进行去毒处理，如采用物理化学等方法将毒素去除或采用特殊的加工方法去除毒素。

2. 碾米、成品及辅产品处理各工序危害控制

（1）加工工序的各个环节。车间需设防蝇、防鼠设施，定期对生产车间进行消毒处理；加强操作人员的卫生质量意识，定期对从业人员进行健康检查；选择耐腐蚀、防污染的生产设备和用具，防止清洗过程中使用的试剂的残留。

（2）包装材料的选择。应选择符合卫生标准的包装材料，并保证包装材料贮存场所的卫生，防止污染。

（3）贮运各环节引入危害的控制。保持运输工具的清洁卫生，对仓库进行定期清理及消毒。同时，应注意通风设备的完善以及运输环境的温度。

四、糕点加工的质量安全控制

糕点因品种、配方不同生产工艺有所差别，其基本工艺流程如下。

原料接收及预处理→原料计量→原辅料配制→成型→焙烤→冷却→产品整理→计量包装→入库。

（一）原料的控制

采购的原辅料必须向出售方索取检验合格证书。不符合规定的，如霉变、坏粒等原料应拒绝入库，在贮存过程中出现质量问题的也应废弃。添加剂的食用应严格按照《食品安全国家标准 食品添加剂使用标准》（GB 2760—2024）规定的使用范围和使用剂量标准添加。

（二）生产加工过程质量控制

生产中用的所有原料需经消毒处理，严格控制沙门氏菌的污染。在焙烤过程中应严格控制焙烤温度及焙烤时间，达到杀菌作用，并控制产品的含水量。加工设备及产品盛放容器应按照要求清洗消毒，盛放容器不得直接接触地面，各类食品包装材料均应

符合国家卫生标准。

(三) 加工者及环境卫生

加工者的手部卫生是关键控制点,手的消毒应严格按照消毒程序进行。同时,要加强生产环境的改善,建立环境卫生制度,定期清扫、消毒、检查,用灭菌剂在厂区喷雾,消灭空气中的微生物,禁止在车间四周乱堆放杂物等。

五、保鲜主食产品加工的质量安全控制

保鲜主食产品有饭、面、粥等。

(一) 原辅料的控制

采购的原辅料必须向出售方索取检验合格证书。不符合规定的拒绝入库,原料在贮存过程中出现质量问题应废弃。必须使用国家规定的定点厂生产的食品级添加剂,添加剂的使用严格执行《食品安全国家标准 食品添加剂使用标准》(GB 2760—2024)规定的使用范围和使用剂量。

(二) 生产加工过程质量控制

蒸煮杀菌过程中应严格控制蒸煮温度及蒸煮时间,达到杀菌作用,加工设备及产品盛放容器应按照要求清洗消毒,盛放容器不得直接接触地面,各类食品包装材料均应符合国家卫生标准。

(三) 加工者及环境卫生

保鲜主食产品生产过程中,人员卫生是影响半成品原始含菌量的重要因素,要求操作人员严格执行卫生操作规范。同时,要加强生产环境的改善,建立环境卫生制度,定期清扫、消毒、检查、降低空气中的微生物数量,禁止在车间四周乱堆、乱放杂物等。

第二节　畜牧产品质量安全及控制

一、热鲜肉、冷冻肉和冷却肉

(一) 热鲜肉

刚屠宰的畜禽，肌肉的温度通常在38~41℃，这种尚未失去生前体温的肉叫作热鲜肉。通常在凌晨宰杀，清早上市，不经过任何降温处理。从加工、运输到零售的过程中，热鲜肉不但要受到空气、苍蝇、运输工具、包装等方面的污染，而且由于肉的温度较高，细菌最容易大量繁殖，肉的品质容易受到腐败而变坏。

(二) 冷冻肉

冷冻肉是指动物宰杀后，经预冷，在-18℃以下的温度中迅速冷冻，使其深层温度达-6℃以下的肉。冷冻肉细菌较少，食用比较安全，并且易于贮藏，但是食用前需要解冻，这导致肉中大量的营养物质流失。

(三) 冷却肉

冷却肉是指经严格执行兽医检疫制度，对屠宰后的畜禽胴体迅速进行冷却处理，使胴体温度24小时内降到0~4℃，并在后续加工、流通、销售过程中始终保持0~4℃范围内的生鲜肉。

冷却肉也称为预冷肉、冷鲜肉、排酸肉，但是，这3种说法都不太准确。

动物屠宰前后，注入外来水的肉称为注水肉。注水肉不仅在经济上侵害了消费者利益，而且降低了肉的营养价值和品质。尤其是个别不法商贩所注入的水是不安全的水，对肉品的安全性造成极大危害。应禁止在原料肉或是动物胴体上注射外来水，同时，要加强对注水肉的鉴别。

二、肉是否新鲜的判断方法

（一）新鲜肉的鉴别

新鲜肉的外观、色泽、气味都很正常，肉表面有稍带干燥的"皮膜"，呈浅玫瑰色或淡红色；切面稍带潮湿而无黏性，并具有各种动物肉特有的光泽；肉汁透明，肉质紧密，富有弹性；用手指按压，凹陷处立即复原；无酸臭味而带有鲜肉的自然香味；骨骼内部充满骨髓并有弹性，呈黄色，骨髓与骨的折断处发光；腱紧密而具有弹性，关节表面平坦而发光，其渗出液透明。

（二）陈旧肉的鉴别

陈旧肉的表面有时带有黏液，显得很干燥，与鲜肉相比，表面与切口处的肉色发暗，切口潮湿而有黏性。如在切口处盖一张吸水纸，会留下许多水迹。肉汁浑浊无香味，肉质松软，弹性小；用手指按压，凹陷处不能立即复原；有时肉的表面发生腐败现象，稍有酸霉味，但深层还没有腐败的气味。

（三）腐败肉的鉴别

腐败肉的表面有时干燥，有时非常潮湿而带有黏性。通常在肉的表面和切口有霉点，呈灰色或淡绿色；肉质松软无弹力，用手指按压时，凹陷处不能复原；不仅表面有腐败现象，在肉的深层也有厚重的酸败味。

三、畜禽肉腐败变质现象

畜禽肉腐败，会在感官上发生很多异常现象。在肉的表面会出现发黏、拉丝的现象，肉的颜色不再鲜亮，而是变暗、发灰、发褐或是变绿，同时还伴有不良的气味。

四、预防畜禽肉的腐败变质

预防畜禽肉的腐败，最重要的是防止微生物的污染和抑制肉中分解酶的活性。通常有以下几种方法。

（一）冷藏和冷冻

即降低温度使微生物活动或是肉中分解酶的活性减弱或停止。

（二）加热

高温可以杀死大量有害微生物，同时破坏分解酶的结构，可以有效地预防畜禽肉的腐败，如70℃加热30分钟就可以有效杀死有害微生物。

（三）干制脱水处理

即降低畜禽肉中的水分含量，抑制微生物和酶的作用，防止腐败变质。常用的干制脱水方法有自然日晒、食盐脱水、鼓风吹干等。

（四）腌制

即在畜禽肉中添加盐或糖，提高渗透压，降低水的活性，使得微生物脱水死亡，从而达到防止腐败的目的。

（五）烟熏

用树木枝叶等来对畜禽肉进行烟熏处理，使肉失去部分水分，同时，大量吸收了烟中防腐物质，可有效抑制微生物和分解酶的作用，防止肉的腐败。

第三节　生猪定点屠宰管理

我国既是生猪生产大国，也是生猪产品消费大国，多数地区人民群众的日常肉食消费以猪肉为主。为了确保猪肉食品安全，杜绝病害肉、注水肉、添加"瘦肉精"肉进入市场，为了进一步加强生猪屠宰管理，保障人民身体健康，2021年6月25日，国务院对《生猪屠宰管理条例》进行了第四次修订。《生猪屠宰管理条例》规定，国家实行生猪定点屠宰、集中检疫制度。除农村地区个人自宰自食的不实行定点屠宰外，任何单位和个人未经定点不得从事生猪屠宰活动。在边远和交通不便的农村地区，可以设置仅限于向本地市场供应生猪产品的小型生猪屠宰场点，具体管理办法由省、自治区、直辖市制定。

一、生猪定点屠宰厂（场）应具备的条件

（1）有与屠宰规模相适应、水质符合国家规定标准的水源条件。

（2）有符合国家规定要求的待宰间、屠宰间、急宰间、检验室以及生猪屠宰设备和运载工具。

（3）有依法取得健康证明的屠宰技术人员。

（4）有经考核合格的兽医卫生检验人员。

（5）有符合国家规定要求的检验设备、消毒设施以及符合环境保护要求的污染防治设施。

（6）有病害生猪及生猪产品无害化处理设施或者无害化处理委托协议。

（7）依法取得动物防疫条件合格证。

二、肉品的质量安全规定

（一）禁止注水

在屠宰过程中，严禁生猪定点屠宰厂（场）以及其他任何单位和个人对生猪、生猪产品注水或者注入其他物质。严禁生猪定点屠宰厂（场）屠宰注水或者注入其他物质的生猪。同时，生猪定点屠宰厂（场）要对未能及时出厂（场）的生猪产品，应当采取冷冻或者冷藏等必要措施予以储存。

未经肉品品质检验或者经肉品品质检验不合格的生猪产品，不得出厂（场）。生猪定点屠宰厂（场）对病害生猪及生猪产品进行无害化处理的费用和损失，由地方各级人民政府结合本地实

际予以适当补贴。

生猪定点屠宰厂（场）出厂（场）未经肉品品质检验或者经肉品品质检验不合格的生猪产品的，由农业农村主管部门责令停业整顿，没收生猪产品和违法所得；货值金额不足1万元的，并处10万元以上15万元以下的罚款；货值金额1万元以上的，并处货值金额15倍以上30倍以下的罚款；对其直接负责的主管人员和其他直接责任人员处5万元以上10万元以下的罚款；情节严重的，由设区的市级人民政府吊销生猪定点屠宰证书，收回生猪定点屠宰标志牌，并可以由公安机关依照《中华人民共和国食品安全法》的规定，对其直接负责的主管人员和其他直接责任人员处5日以上15日以下拘留。

（二）屠宰规程

生猪定点屠宰厂（场）应当建立生猪进厂（场）查验登记制度。生猪定点屠宰厂（场）应当依法查验检疫证明等文件，利用信息化手段核实相关信息，如实记录屠宰生猪的来源、数量、检疫证明号和供货者名称、地址、联系方式等内容，并保存相关凭证。发现伪造、变造检疫证明的，应当及时报告农业农村主管部门。发生动物疫情时，还应当查验、记录运输车辆基本情况。记录、凭证保存期限不得少于2年。

生猪定点屠宰厂（场）接受委托屠宰的，应当与委托人签订委托屠宰协议，明确生猪产品质量安全责任。委托屠宰协议自协议期满后保存期限不得少于2年。

生猪定点屠宰厂（场）屠宰生猪，应当遵守国家规定的操作规程、技术要求和生猪屠宰质量管理规范，并严格执行消毒技术规范。发生动物疫情时，应当按照国务院农业农村主管部门的规定，开展动物疫病检测，做好动物疫情排查和报告。

生猪定点屠宰厂（场）应当建立严格的肉品品质检验管理制度。肉品品质检验应当遵守生猪屠宰肉品品质检验规程，与生猪屠宰同步进行,并如实记录检验结果。检验结果记录保存期限不得少于2年。

经肉品品质检验合格的生猪产品,生猪定点屠宰厂(场)应当加盖肉品品质检验合格验讫印章,附具肉品品质检验合格证。经检验不合格的生猪产品,应当在兽医卫生检验人员的监督下,按照国家有关规定处理,并如实记录处理情况;处理情况记录保存期限不得少于2年。

(三) 动物检疫

生猪定点屠宰厂(场)屠宰的生猪,应当依法经动物卫生监督机构检疫合格,并附有检疫证明。

三、定点屠宰猪的销售

从事生猪产品销售、肉食品生产加工的单位和个人以及餐饮服务经营者、集中用餐单位生产经营的生猪产品,必须是生猪定点屠宰厂(场)经检疫和肉品品质检验合格的生猪产品。

第五章 农产品质量安全检验检测与可追溯体系

第一节 农产品质量安全检验检测

一、农产品的抽样方法

抽样也称为取样,就是从大量或整批的农产品中抽取一部分作为分析化验的样本。抽样技术是农产品质量安全监测中的基础性工作,关系对产品质量判定的正确与否。能否保证抽样环节的随机性、代表性和真实性,是监测数据是否科学、公正、准确的重要基础之一。

(一)抽样原则

(1)抽样应严格按照规定的程序和方法执行,确保抽样工作的公正性和样品的代表性、真实性,能反映全部被抽检农产品的质量状况。

(2)抽样过程中要确保原有的理化性质不变,防止成分的损失和样本污染。

(3)抽样的工具应清洁、干燥、无污染,不会对检验结果造成影响。

(二)抽样方法

现行通用的抽样方法有随机抽样法和典型抽样法。

1. 随机抽样法

随机抽样法是指抽样时不随人的主观愿望进行抽样，使总体中每个部分被抽取的概率都相等的抽样方法。随机抽样时必须注意不能有意识地抽好的或差的，也不能为了方便只抽表面摆放的或容易抽到的。

（1）单纯随机抽样。假设在 N 个商品中抽取 n 个作为样品，每个商品被抽到的机会是 n/N，抽样时随意抽取，不对试样进行比较，抽样后也不允许调换，这种完全随机的抽样叫单纯随机抽样。在实际工作中，为了避免人为因素造成样品代表性不强，可先将每个农产品编号，再用随机方法进行抽样，以便得到合理的随机性。这种方法用于农产品数量不大、抽样比较方便的场合。

（2）系统抽样。系统抽样是指把农产品编号，按照一定程序进行抽样，如按 3 进行抽样，即逢 3、13、23……作试样，也可按任意一个自然数取试样。这种方法适用于半成品抽样，其缺点是由于抽样均匀规律，有时偶尔会将刚好处在另一种数量规律的问题产品漏掉。

（3）分层、分段抽样。分层、分段抽样是指针对不同类产品有不同的加工设备、不同的操作者、不同的操作方法时对其质量进行评估的一种抽样方法。在质量管理过程中，逐批验收抽样检验方案是最常见的抽样方案，方法是把一大堆农产品分成若干堆或若干层，每堆或每层按一定百分比抽样，最后将试样集中检验。分层抽样用于数量大且堆放在一起的农产品抽样。分段抽样用于到货期不同且堆放地很多的农产品抽样。分段抽样可先抽到货最早的，再抽到货最后的。发现到货最早的就有问题，则应对以后每次到货都严格检查。

（4）整群检验。整群检验是把大包装作为整体进行抽样。然后，对抽出的大包再以小包装为单位进行抽样，即先群体抽样再个体抽样，这种方法对工业品比较合适。

2. 典型抽样法

这是按农产品情况典型地抽取样品，它不同于随机抽样法，而是以较少的试样分析估计整批农产品的质量情况。如检验花生中的黄曲霉毒素，先检验霉度严重的花生米粒，如果未发现黄曲霉毒素，则可判断整批花生的黄曲霉毒素含量符合标准。

（三）抽样数量的确定

目前我国抽样数量确定的方法有百分抽样法、计数抽样法和计量抽样法。农产品检验抽样一般采用百分抽样法，根据总体的多少抽取一定百分率作为试样。常用抽样比例为5%。如农产品总体为500（$N=500$），抽取5%作为样品，应抽（$500\times5\%$）25个。

用这种方法抽样，农产品总体在500~5 000个比较合适。如果农产品总体很小，则抽取试样数至少5个；若总体大于10 000个，则抽取3%；若总体大于100 000个，则抽1%。

二、农产品检验检测的方法

农产品检验检测的方法主要分为感官检验和理化检验两类。

（一）感官检验

感官检验是用人的目、舌、鼻、耳、手等感觉器官，通过视觉、味觉、嗅觉、听觉、触觉等来检验农产品的质量。这种方法主要应用于检验农产品的外形结构、色泽、硬度、弹性、气味、滋味、声音、疵点、伤痕及老化程度等，以此来判断质量的好坏或是否合格。

感官检验可分为视觉检验、嗅觉检验、味觉检验、触觉检验和听觉检验。感官检验时常常不是孤立地运用某一种方法，而是综合运用几种方法，全面鉴定农产品。

感官检验的具体方法如下。

（1）色泽检验。将样品置于样品盘内，用肉眼观察其颜色是否正常及有无光泽、杂质，是否满足标准要求。

（2）状态检验。检验形态是否完整，大小是否均匀，有无虫害，质地是否良好。

（3）风味检验。检验其气味是否正常，是否具有该农产品特有的滋味。

（二）理化检验

理化检验是借助各种仪器、设备和试剂，运用物理、化学的方法来检测评价商品质量的一种方法。它能够深入地测定农产品的成分、结构、物理性质和化学性质等；它不受检验人员的主观意志的影响，其鉴定结果较感官检验客观而精确，可以用精确数值做出评判。

理化检验可用化学、光学、力学、热学、电学、物理化学、器械、生物学等方法进行检验。但理化检验法一般不如感官检验迅速简便，并且需要一定的仪器、设备和试剂及操作技术。

理化检验法分物理检验法、化学检验法和生物检验法。物理检验法用来检验长度、强力、细度、密度、比重、重量、体积、色泽、透明度、导电性等。化学检验法用来检验农产品的成分及有害物质等，化学检验法又分为定性分析和定量分析两种。生物检验法是对于可食农产品及皮张、绒毛、鬃尾等农产品是否含有有害微生物的检验。

1. 物理检验法

物理检验法包括范围很广，常使用与光学、力学、电学有关的仪器。

（1）显微镜检验法。用显微镜可观察到农产品的微小形态、微小结构和组分。还可利用各种化学试剂先与农产品起反应，然后在显微镜下观察，以确定农产品的成分和性质。

（2）折光仪检验法。利用折光仪测定农产品的折光率，以确定农产品的纯度。这多用于液体农产品，如食用油和芳香油。

(3) 比重法。利用各种比重计,如波美表、比重表、比轻表、比重天平等来检验农产品的比重,从而确定农产品的纯度或有效成分的含量。

(4) 旋光仪法。利用旋光仪测定农产品中具有旋光性物质的多少,如测定糖的比旋度。

(5) 热学检验法。利用仪器测定农产品的一些热学性质,如测定耐热性、熔点、凝固点等。

(6) 器械检验法。利用特制的一些仪器来检验农产品的物理机械性质,如纤维强力机械测定纤维强力、弹性等。检验这些性质所用的仪器,都属物理力学方面的仪器。

2. 化学检验法

化学检验法是以农产品中被测组分的化学性质为依据的检验方法,或者说是根据农产品中被测组分与试剂进行的化学反应为基础的检验方法。在这里主要介绍几种定量分析方法。

定量分析法是化学检验法的一部分,它的任务是测定试样组成部分的质量。由于它解决了量的关系,因而具有很重要的实用意义。在很多农产品质量检验中,定量分析方法已成为不可缺少的手段,目前在农产品有害物质含量的测定上显得尤为重要。

定量分析的方法有重量分析法、容量分析法、比色法、层析法等。

(1) 重量分析法。称取一定重量的样品,使被测定成分与样品中其他成分分离,然后测定该成分的重量,根据测得的重量,可以计算出样品中这种成分的含量。重量分析法主要包括沉淀法、挥发法、萃取法和灰化法等。

(2) 容量分析法。将一种已知准确浓度的试剂加到被测物的溶液中,滴加至试剂的量与被测物质的含量相当,即两者的当量数目相同时,由试剂的用量和它的浓度可算出被测物的含量,这种方法为容量分析法。

（3）比色法。比色法操作方法简便，需要的样品少，分析准确度高，因此在农产品检验中，应用比较广泛，如农产品营养成分、油脂色度及熏蒸药剂残留量测定等。

许多物质本身具有颜色，另有许多物质本身虽无色，但在适当的条件下与显色剂作用后形成有色的物质，如铁盐与硫氰化物作用生成血红色的络合物。当这些有色物质的溶液浓度改变时，溶液深浅也就随着改变。在一定浓度范围内，溶液越浓，则颜色越深，因此可以通过比较溶液颜色的深浅来测定物质的含量，这种方法称为比色法。

比色法灵敏度很高，可以测定含量很低的组分，通常每毫升溶液中含 10^{-7} 克有色物质即可用比色法测定。比色法误差较大，为 1%~10%，但对微量组分的测定，仍可得到满意的结果，只是对于常量分析，比色法不如重量法和容量法准确。比色法测定需要有标准样品，有的组分由于找不到合适的标准样品而使比色无法准确进行。

（4）层析法。层析法也叫色层分析法或色谱法，在农产品检验中，用来测定黄曲霉毒素、熏蒸药剂残留量和有毒的重金属等。

层析法利用混合物中各个成分的理化性质的差别使各成分以不同程度分布在两相中，一个为固定相，一个为流动相，流动相带着试样流经固定相时，各个成分以不同的速度移动，从而互相分离。

3. 生物检验法

农产品在生产、运输、储存过程中易受微生物污染而发生化学变化，甚至发生腐败变质，会给食用者造成食物中毒或人畜传染病的发生，因此农产品一定要进行生物检验。

生物检验法是通过检查细菌总数（包括葡萄球菌、链球菌、肉毒梭状芽孢杆菌、沙门杆菌和志贺杆菌等）、大肠杆菌群来判断农产品被污染的程度,从而间接判断有无传播肠道传染病的危险。一般通过肉眼观察、显微镜检验、生化反应、血清分型、动物试验等手段对污染农产品的细菌进行检出与计数检验,从而给人们的食用安全提供可靠依据。

第二节 农产品质量安全可追溯体系

一、建立农产品质量安全可追溯体系的意义

农产品质量安全可追溯体系是农产品生产、加工、贸易各个阶段信息流的连续性保障体系,是农产品质量体系建设的一个重要内容。当最终产品出现违反准则的情况时,利用完善的产品追溯体系,能方便、快捷地对违规事项的原因进行查找、分析、辨别风险度,提高农产品的质量安全。建立农产品质量安全可追溯体系的意义主要体现在以下几个方面。

(一)有助于政府有效开展相关工作并制定相关政策

建立农产品质量安全可追溯体系,政府可通过掌握农产品备案信息及时了解市面在售农产品相关情况,为日常巡查监管和处置突发农产品安全事件提供及时、重要的信息,大大提高监控农产品市场的能力,杜绝有问题的食品进入流通、消费环节,能够让政府更好地监管农产品的安全,扩宽监管渠道、降低监管难度,有利于政府工作的展开。

(二)有助于提高企业农产品质量安全水平,有利于提高人们的农产品安全意识

利用二维码可追溯功能,能够使消费者和政府农产品安全监管部门迅速地了解农产品信息,能让消费者从农产品的种植、加工、运输以及是谁种植、是谁加工,全方位了解农产品的信息,并可以对产品错误信息或虚假信息进行举报,能极大地提高农产

品的透明度，加强对农产品的监督，可更有效规范和引导农产品生产，引导企业树立强烈的安全责任意识，在确保农产品安全的基础上，提高农产品的品质，确保人民群众"舌尖上的安全"，一旦发生与农产品安全相关的事故，能迅速追溯其原因，迅速有效地清除不安全农产品，快速收集健康损害的资料，实施风险管理，保障农产品的安全。同时，建立健全农产品安全溯源系统，健全信息发布机制，及时、准确、客观地报道农产品有关信息。随时可以了解产品信息，有利于普及科学饮食知识，增强公众自我保护意识和能力。

（三）有助于推动我国农产品产业向国际化的标准发展

建立农产品质量安全可追溯体系，实现农产品与国际物流接轨，扩大农产品外销。建立农产品质量安全可追溯体系，对农产品进行跟踪与溯源，使产品符合国际标准，促使我国农产品质量的提高，提高我国农产品在国际市场上的竞争力，促进农产品出口，使我国农产品的销售不单局限于国内，更要走出国门，迈向全球。

二、农产品溯源的内容

农产品溯源是指在食物链的各个环节（包括生产、加工、分送以及销售等）中，农产品及其相关信息能够被追踪和回溯，使农产品的整个生产经营活动处于有效的监控之中。农产品溯源的内容主要包括以下几个方面。

（一）产品溯源

产品溯源即通过溯源来确定农产品在农产品供应链中的位置/地点，便于后续和注册的管理，实施农产品召回，以及向消费者或利害关系人告知信息。

（二）过程溯源

过程溯源即通过溯源来确定在农产品生长和农产品加工过程

中影响农产品安全的行为或活动,包括产品之间的相互作用、环境因子向食物或农产品中的迁移以及农产品中污染的情况等。

(三) 基因溯源

基因溯源即通过溯源来确定农产品产品的基因构成,包括转基因农产品的基因源、类型及农作物品种等。

(四) 投入溯源

投入溯源即通过溯源来确定种植和养殖过程中投入物质种类及来源,包括配料、化学喷洒剂、灌溉水源、家畜饲料、保存食物所使用的添加剂等。

(五) 疾病和害虫溯源

疾病和害虫溯源即通过溯源来追溯病害的流行病学资料、生物危害(包括细菌、病菌、其他污染农产品的致病菌)及摄取自其他来自农业生产原料的生物产品。

(六) 测定溯源

测定溯源即通过溯源来检测农产品、环境因子、农产品生产经营者的健康状况,获取相关信息资料。

农产品溯源是一种以信息为基础的先行介入措施,即在农产品质量和安全管理过程中正确而完整地收集溯源信息。农产品溯源本身不能提高农产品的安全性,但它有助于发现问题、查明原因、采取行政措施以及追究责任。

三、农产品质量安全的追溯管理要求

(一) 生产环节的控制要求

1. 投入品记录

农产品生产过程的苗种、饲料、肥料、药物等投入品,在进货时应收集进货票据,并进行登记。

2. 生产者建档

农产品生产者按"一场一档"的要求建立生产者档案。农业生产的管理部门应建立农产品生产基地和企业的档案，进行信息登记，并向登记的生产者发放"农产品产地标志卡"，内容应包括唯一性编号、基地名称或代号等信息。

3. 生产过程记录

种植过程记录内容包括种植的产品名称、数量、生产起始的时间、使用农药化肥的记录、产品检测记录。养殖过程记录包括养殖种类和品种、饲料和饲料添加剂、兽（鱼）药、防疫、病死情况、出场（栏）日期、各类检测等记录。

4. 销售记录

农产品从生产到流通，农产品生产者应做好销售记录。记录内容包括销售产品的名称、数量、日期、销售去向、相关质量状况等。

（二）从生产到流通的对接要求

农产品进入流通领域时，应向流通领域提供相关农产品产地标识卡、产地证明或质量合格证明等；交易时应向采购方提供交易信息票据，内容应包括品名、数量、交易日期、供应者登记号等信息。

（三）农产品质量安全追溯管理各相关方职责

农产品生产企业是生产领域质量安全追溯管理第一责任人，主要负责生产质量安全的控制、农产品溯源台账的建立和管理等工作；农产品生产的管理部门负责组织生产领域农产品质量安全相关的培训、宣传，建立生产基地台账，发放相关产品产地标志。

（四）实行严格的产品质量控制制度

一是农产品出场时，生产者应进行农药残留或感官的自检，农业农村管理部门按监督检测制度实施农产品的抽查、检测，并公布检测结果。

二是生产者发现产品不合格时，应及时采取措施，不得将不合格产品流通销售。当销售到流通环节的农产品被确认有安全问题时,生产者应做好追溯、召回工作。

三是农业生产的管理部门应督促进行质量安全的追溯,当不合格农产品已进入流通领域,要求生产企业召回不合格产品,按溯源流程进行不合格产品的追溯。

四、农产品质量安全可追溯系统

(一) 农产品质量安全可追溯系统的实体

农产品质量安全可追溯系统的实体一般包括管理员、消费者、生产企业和监管部门。

管理员负责对生产企业和监管部门进行授权;经过授权的企业可使用本研究系统进行农产品相关信息的录入;经过授权的监管部门可以录入产品检测信息。

消费者可通过扫描产品二维码查看产品生产源详细信息,也可以随时对产品错误信息或虚假信息进行举报。

生产企业具有录入企业信息、录入产品生产源详细信息和打印二维码功能。生产企业录入每批次农产品的源头详细信息(包括产地、温度、种植时间、施肥时间、肥料名称、肥料用量、农药喷洒时间、农药名称等),系统为农产品生成对应的唯一标识二维码。

监管部门具有录入产品质量检测信息和查询等功能。各级监管机构均可随时查看农产品生产源详细信息及业务流程各环节信息,并录入各类检测结果。

(二) 农产品质量安全可追溯系统的平台

农产品质量安全可追溯系统,用于追踪农产品从生产到流通的全过程,包含了生产、收购、运输、储存、装卸、搬运、包装、配送、流通加工、分销直到终端用户等过程,是由 ISO 9000 认证、HACCP(危害分析和关键点分析系统)、SSOP(卫生标准操作程序)、GMP（良好操作规范）等组成的综合管理体系，一般会包含以下几个子系统。

1. 农产品质量安全追溯监管系统

系统由监管部门使用，主要包含主体信息、检测数据、执法数据、红黑榜名单、可追溯管理、投诉处理、应急服务、统计分析等模块。系统可对平台功能模块、操作用户信息等管理参数进行审核设置；对本区域范围的农业生产主体、产品生产、农产品执法巡查和质量检测等情况进行全方位监控管理；可通过平台对农产品生产、安全检测等数据进行汇总分析；通过农产品追溯码查询相关信息，锁定生产主体，实施应急处置。

2. 农业主体信息管理系统

农业生产主体通过登录系统，据实录入主体名称、营业执照号、法人代表、联系电话、详细地址、主导产品等信息，并结合产品名称、生产日期，生成可追溯二维码，纳入追溯管理的主体自律和产品质量安全追溯管理。

3. 农产品信息公开服务系统

消费者可通过登录"追溯平台"或通过扫描二维码来查询农产品生产主体、地址、产品名称、生产日期等信息，为消费者提供追溯查询服务。

(三) 国家农产品质量安全追溯管理信息平台

国家农产品质量安全追溯管理信息平台（以下简称国家追溯平台，http://www.qsst.moa.gov.cn）是农产品质量安全智慧监管和国家电子政务建设的重要内容，由农业农村部农产品质量安全中心开发建设，包括追溯、监管、监测、执法四大系统、指挥调度中心和国家农产品质量安全监管追溯信息网，以"提升政府智慧监管能力，规范主体生产经营行为，增强社会公众消费信心"为宗旨，为各级农产品质量安全监管机构、检测机构、执法机构以及广大农产品生产经营者、社会公众提供信息化服务。该平台主要包括下列几个方面的业务。

1. 主体注册

国家追溯平台为各类用户提供主体注册和账号权限分配功能。一是部级监管机构用户管理员通过国家追溯平台分配省级监管机构的用户管理员账号及权限；二是省级监管机构用户管理员通过国家追溯平台分配本级检测机构、执法机构和地市级监管机构的用户管理员账号及权限；三是地市级监管机构用户管理员通过国家追溯平台分配本级检测机构、执法机构和县级监管机构的用户管理员账号及权限；四是县级监管机构用户管理员分配本级检测机构、执法机构的用户管理员账号及权限，分配乡镇监管机构的用户账号及权限；五是各类机构用户管理员登录国家追溯平台，分配本机构用户账号，开通使用权限；六是农产品生产经营者使用国家追溯平台进行在线入网登记申请，填报基础信息，由县级监管机构审核通过后，开通农产品生产经营者用户账号和使用权限。

2. 监管业务

国家追溯平台为各级监管机构提供基地巡查和任务发布信息化管理手段。一是各级监管机构通过国家追溯平台发布基地巡查、风险监测（例行监测、专项监测）、监督抽查等任务和通知公告；二是各级监管人员通过国家追溯平台接收任务，开展基地巡查工作，使用移动专用 App 扫描农产品生产经营者电子身份标识，查看主体信息，采集录入监管信息，实现监管信息与主体注册信息关联；三是监管人员如遇农产品生产经营者尚未登记，采集录入主体、产品和监管信息；四是监管人员在检查过程中发现问题，可通过国家追溯平台移交执法机构，由执法机构开展后续工作。

3. 监测业务

国家追溯平台为各级检测机构提供风险监测（例行监测、

专项监测）和监督抽查信息化管理手段。一是检测机构接收风险监测（例行监测、专项监测）并开展工作；二是抽样人员使用移动专用 App 扫描产品追溯码，自动获取样品信息，填写抽样信息，实现样品信息与主体注册信息关联；三是抽样产品没有加施产品追溯码的，手动录入产品信息；四是检测机构接收监督抽查任务或执法机构委托任务抽样单并开展工作；五是检测人员在实验室检测时，使用国家追溯平台录入检测结果；六是检测机构开展数据汇总分析，并将结果上报至任务下发机构。

4. 执法业务

国家追溯平台为各级执法机构提供执法信息化管理手段。一是各级监管机构通过国家追溯平台向执法机构发布工作任务；二是执法机构接收工作任务并开展监督抽查和行政执法等相关工作，使用移动专用 App 扫描农产品生产经营者电子身份标识，查看主体信息，采集录入执法信息，实现执法信息与主体注册信息关联；三是执法人员如遇农产品生产经营者尚未注册，采集录入主体、产品和执法信息；四是执法机构通过国家追溯平台向检测机构提交监督抽查抽样单；五是执法机构在开展行政执法时，如有需要，可通过国家追溯平台向检测机构发布监测任务；六是监管机构、检测机构和执法机构在国家追溯平台查看工作执行情况。

5. 追溯业务

追溯业务是国家追溯平台的重点，支持农产品生产经营者采集生产和流通信息。一是农产品生产经营者完成主体注册后，登录国家追溯平台，采集录入产品信息和批次信息，生成产品追溯码，可打印；二是农产品生产经营者在完成产品信息采集后，进入农业农村部门所管辖的流通环节，农产品生产经营者确定下游主体后，通过移动专用 App 扫描下游主体电子身份标识，填写交易信息以及相关承运、贮藏等追溯信息，提交国家追溯平台，下游主体即刻收到推送信息，交易确认后，生成产品追溯码，下游主体尚未在国家追溯平台注册的，由上游主体手动记录相关追溯信息，并保证信息的真实性；三是农产品生产经营者在完成产品信息采集后，进入批发市场、零售市场或生产加工企业时，选择入市操作，如实填报交易信息，生成并打印入市追溯凭证并交给下游主体。

6. 大数据应用

分析决策系统通过数据统计分析、GIS（地理信息系统）区域分析、风险预警和指挥调度为各级机构的决策部门提供决策支持服务。一是各级机构通过国家追溯平台按区域、时间、产品等不同纬度查看主体注册、产品追溯、日常监管、质量安全监测和行政执法等信息；二是利用 GIS 技术，在地图上查看主体信息、农产品生产情况、农产品流向情况等信息，掌握区域农产品质量安全整体情况；三是采集追溯、监管、监测、执法等业务信息，根据风险预警模型，提示农产品质量安全风险，为各级机构进行农产品质量安全风险控制提供有力保障；四是国家追溯平台提供综合数据动态监控服务，汇总追溯、监管、监测、执法等各项数据，通过指挥调度系统和专家资源库，为农产品质量安全监管决策提供数据支撑。

第六章 我国农产品质量安全现状及问题

第一节 我国农产品质量安全现状

一、农产品质量安全水平不断提高

（一）农产品质量安全标准体系不断完善

我国已经建立了完善的农产品质量安全标准体系，包括国家标准、行业标准、地方标准和企业标准等。这些标准体系对农产品的生产、加工、流通等各个环节进行了规范和约束，提高了农产品质量安全水平。

（二）农产品质量安全技术水平不断提高

随着科技的不断进步，农产品质量安全技术水平也在不断提高。新型农业投入品的研发和应用，提高了农产品的产量和品质，同时也有利于保障农产品质量安全。新型检测技术的研发和应用，提高了对农产品中农药残留、重金属等有害物质的检测能力，为保障农产品质量安全提供了更加科学和有效的手段。

（三）农产品质量安全认证体系不断完善

我国已经建立了完善的农产品质量安全认证体系，包括绿色食品、有机食品等认证。这些认证体系对农产品的质量安全进行了严格的把关和审核，提高了农产品质量安全水平。

二、生产者与消费者的安全意识明显提高

生产者与消费者的安全意识明显提高,主要表现在以下几个方面。

(一) 生产者更加注重农产品质量安全

随着农业现代化的推进,生产者开始更加注重农产品的品质和安全性,采用更加环保、科学的生产方式,提高农产品的质量。同时,生产者还更加注重农产品质量安全的监管和保障工作,积极配合政府和监管机构的管理,建立完善的生产记录和追溯制度。

(二) 消费者更加关注农产品质量安全

消费者对农产品质量安全的关注度不断提高,更加注重农产品的营养价值、安全性以及生产过程的可持续性等方面。消费者开始更加关注农产品的生产环境、生产过程以及农药、兽药等农业投入品的使用情况,对农产品质量安全的要求也越来越高。

(三) 政府与监管机构更加重视农产品质量安全

政府和监管机构开始更加重视农产品质量安全,加强了农产品质量安全监管和保障工作。政府和监管机构采取了一系列措施,如加强法律法规建设、加强技术培训和指导、推行追溯制度等,提高农产品质量安全水平,保障人民群众的身体健康和生命安全。

(四) 媒体和公众更加关注农产品质量安全

媒体和公众开始更加关注农产品质量安全,对农产品质量安全问题进行了广泛的报道和讨论。公众对农产品质量安全的关注度不断提高,对政府和监管机构的工作提出了更高的要求和建议。

三、农产品质量安全监管力度不断加强

我国农产品质量安全监管力度表现在以下几个方面。

（一）监管体系不断完善

我国已经建立了比较完善的农产品质量安全监管体系，包括监管机构、检测机构、技术推广机构等，这些机构在农产品质量安全监管方面发挥了重要作用。

（二）监管力度不断加强

我国对农产品质量安全的监管力度不断加强，采取了一系列措施，如加强监管队伍建设、加大监管力度、严格执法等，确保农产品质量安全。

（三）监管措施不断优化

我国在农产品质量安全监管方面采取了一系列措施，如加强源头管理、加强过程控制、加强风险评估等，提高了农产品质量安全监管的效率和质量。

（四）监管效果不断提升

我国农产品质量安全监管效果不断提升，农产品质量安全水平不断提高，人民群众的满意度不断提高。

总之，我国农产品质量安全监管力度表现在多个方面，包括监管体系、监管力度、监管措施和监管效果等。这些措施的落实和实施，为保障人民群众身体健康和生命安全发挥了重要作用。

第二节　我国农产品质量安全存在的问题

尽管当前我国农产品质量安全水平显著提升，但我国农产品质量安全还存在一些问题。

一、化肥农药等残留污染问题严重

近年来,我国的化肥农药残留问题受到了广泛的关注。我国一些地区,在农业生产中使用的化肥农药量超出了推荐剂量。这导致了部分农产品的化肥农药残留超标,一些地区的农产品甚至被检测出含有多种不同类型的化肥农药残留。这些问题不仅影响了农产品的安全,也对人们的健康构成了潜在的威胁。

二、食物加工中滥加化学添加剂

食物加工中滥加化学添加剂,导致全国食物中毒现象时有发生。我国不少农民大量使用催生剂和激素,滥施化学剂,争取果菜早上市,使农产品质量下降,造成水果、蔬菜和肉类普遍口感和安全性较差,有的还含有对人体有害的成分。

三、食物健康污染问题难控制

随着人类生产和生活的不断进步,食物受到化学污染的机会日益增多。除由于食物意外地被大量农药、铅、砷等有害物质污染而引起急性中毒外,目前更受到关注的是少量化学污染物长期通过食物进入人体而造成的慢性健康危害,如重金属铅、汞、镉,以及燃煤中的氟等。

四、农产品产地环境污染

农产品的生长发育离不开环境,环境污染直接影响着农产品生长。目前农产品产地环境污染源主要有大气污染、水质污染、土壤污染,这些污染源对农产品质量安全均有极大影响。

五、农户组织化程度不高和文化水平低

中国是个农业大国,农村人口多,耕地总面积少,因此人均

耕地面积少，且我国耕地面积主要以山地、丘壑为主，平原少，导致我国农产品生产规模小，千家万户分散生产，独立经营，无论是购进生产资料还是销售农产品都是一家一户单独面向市场，分散的生产和经营不利于控制投入品的质量，也不容易统一产品质量。另外，我国农民受教育程度不高，缺乏科学生产的能力，如施肥问题，大部分农户都简单地认为"多施肥，产量就高"，甚至将施肥当成农业生产过程中的一个固定程序而形成一种不假思索的农业生产方式，意识不到化肥对土壤环境和人体健康造成的潜在危险。

六、公司的非法生产

有个别的公司会为了自己的利益，不顾社会的责任，进行非法生产，以获取更多的利益，在生产制作、加工处理等环节中超量、违规地使用食品色素、激素、防腐剂等成分，给农产品安全性埋下隐患。

七、农产品检测制度不完善

长期以来，我国农产品质量检测制度不是很完善，制度的不完善使得不合格农产品频频进入市场，被消费者购买，危及消费者利益。农产品检测不仅包括产后的检测，还包括农产品产中的检测。在农产品生产中，没有标准的质量检测体系，使农产品形状和质量参差不齐，没有形成统一的标准。

第七章　最新政策法规及行业标准

第一节　我国农产品安全法律法规

目前，我国已建立了一套完整的食品安全法律法规体系，为保障食品安全、提升食品质量水平、规范进出口食品贸易秩序提供了坚实的基础和良好的环境。我国农产品安全法律法规体系包括法律、行政法规、部门规章、规范性文件等。

一、农产品、食品生产相关法律

包括《中华人民共和国食品安全法》《中华人民共和国产品质量法》《中华人民共和国农产品质量安全法》《中华人民共和国行政许可法》《中华人民共和国计量法》《中华人民共和国进出口商品检验法》《中华人民共和国商标法》《中华人民共和国农业法》《中华人民共和国标准化法》《中华人民共和国消费者权益保护法》《中华人民共和国进出境动植物检疫法》《中华人民共和国动物防疫法》《中华人民共和国国境卫生检疫法》等。

二、农产品、食品生产相关法规

(一) 行政法规

行政法规是由国务院根据宪法和法律,在其职权范围内制定的有关国家食品行政管理活动的规范性法律文件。其地位和效力仅次于宪法和法律。如《乳品质量安全监督管理条例》《生猪屠宰管理条例》《中华人民共和国认证认可条例》《食盐加碘消除碘缺乏危害管理条例》《农业转基因生物安全管理条例》等。

(二) 地方性法规

地方性法规是指省、自治区、直辖市以及省级人民政府所在地的市和经国务院批准的较大市的人民代表大会及其常委会制定的适用于本地方的规范性文件。如《广东省种子条例》《广东省食品安全条例》《广东省家禽经营管理办法》《广东省水产品质量安全条例》《关于食用农产品市场销售质量安全监督管理办法的实施意见》等。

三、农产品、食品规章

一是由国务院行政部门依法在其职权范围内制定的食品行政管理规章,在全国范围内具有法律效力。如国家市场监督管理总局制定了《强制性国家标准管理办法》。

二是由各省、自治区、直辖市以及省级人民政府所在地的市和经国务院批准的,根据食品法律在其职权范围内制定和发布的有关地区食品管理方面的规范性文件。如广东省农业农村厅颁布的《关于试行食用农产品合格证制度的通知》;广东省市场监督管理局颁布的《广东省市场监督管理局关于广东省食品从业人员健康检查的管理办法》。

第二节 我国农产品安全标准

一、标准的分级和分类

（一）根据适用范围分级

标准分级就是根据标准适用范围的不同，将其划分为若干不同的层次。对标准进行分级可以使标准更好地贯彻实施，也有利于加强对标准的管理和维护。

按《中华人民共和国标准化法》的规定，我国的标准分为四级：国家标准、行业标准、地方标准和企业标准。

1. 国家标准

国家标准是指对全国经济技术发展有重大意义，必须在全国范围内统一的标准。国家标准由国务院标准化行政主管部门编制计划和组织草拟，并统一审批、编号和发布。国家标准有"GB"或"GB/T"字样。"GB"代表的是国家强制标准；"GB/T"代表的是国家推荐标准。例如，《食品安全国家标准 鲜（冻）畜、禽产品》（GB 2707—2016）是国家强制标准，《粮油检验 粮食、油料的杂质、不完善粒检验》（GB/T 5494—2019）是国家推荐性标准。

2. 行业标准

行业标准是指我国全国性的农业行业范围内的统一标准。《中华人民共和国标准化法》规定，对没有国家标准而又需要在全国某个行业范围内统一的技术要求，可以制定行业标准。农业行业标准由农业农村部组织制定，代号为NY。行业标准是对国家标准的补充，行业标准在相应国家标准实施后，自行废止。例如《食用小麦麸皮》（NY/T 3218—2018）。

3. 地方标准

地方标准是指在某个省、自治区、直辖市范围内需要统一的标准，对没有国家标准和行业标准而又需要在省、自治区、直辖市范围内统一的技术和管理要求，可以制定地方标准。地方标准由省、自治区、直辖市政府标准化行政主管部门制定。地方标准不得与国家标准、行业标准相抵触。在相应的国家标准或行业标准实施后，地方标准自行废止。地方标准的代号，由汉语拼音字母"DB"加上省、自治区、直辖市行政区划代码前两位数字。例如，《污水综合排放标准》（DB12/356—2018）。

4. 企业标准

企业生产的产品在没有相应的国家标准、行业标准和地方标准时，应当制定企业标准，作为组织生产的依据。若已有相应的国家标准、行业标准和地方标准时，国家鼓励企业在不违反相应强制性标准的前提下，制定充分反映市场、用户和消费者要求的企业标准，企业标准由企业组织制定，并按省、自治区、直辖市人民政府的规定备案。企业标准代号用"Q"表示。

国家标准、行业标准、地方标准和企业标准之间的关系是，对需要在全国范围内统一的技术要求，应当制定国家标准；对没有国家标准而又需要在全国某个行业内统一的技术要求，可以制定行业标准；对没有国家标准和行业标准而又需要在省、自治区、直辖市范围内统一的技术要求，可以制定地方标准；企业生产的产品没有国家标准和行业标准的，应当制定企业标准。国家鼓励企业制定高于国家标准的企业标准。

（二）根据法律的约束性分类

1. 强制性标准

强制性标准必须执行。

2. 推荐性标准

行业标准、地方标准是推荐性标准。国家鼓励采用推荐性标准。如《食品安全国家标准　食品添加剂使用标准》（GB 2760—2024）、《食品安全国家标准　食品中污染物限量》（GB 2762—2022）都是强制性标准。

推荐性国家标准、行业标准、地方标准、团体标准、企业标准的技术要求不得低于强制性国家标准的相关技术要求。

（三）根据标准的性质分类

按标准的性质分为技术标准、管理标准和工作标准。

1. 技术标准

为标准化领域中需要协调统一的技术事项而制定的标准。食品工业及相关标准中涉及技术的部分标准、食品产品标准、食品添加剂标准、食品包装材料及容器标准、食品检验方法标准等，其内容都规定了技术事项或技术要点，均属于技术标准。

2. 管理标准

为标准化领域中需要协调统一的管理事项所制定的标准。主要包括管理、生产管理、经营管理、劳动管理和劳动组织管理标准等。如 ISO 9000 质量管理标准、食品企业卫生规范等都属于管理标准。

3. 工作标准

也叫工作质量标准，是对标准化领域中需要协调统一的工作事项制定的标准。工作标准主要是对具体岗位中人员和组织在生产经营管理活动中的职责、权限、考核方法所做的规定，是衡量工作质量的依据和准则。

（四）根据标准的内容分类

按照标准的内容可分为基础标准、产品标准、方法标准、管理标准、环境保护标准等。我国食品标准基本上就是按照内容进行分类的。

二、农产品、食品安全标准的主要内容

目前我国的食品安全标准体系是强制性标准与推荐性标准相结合，国家标准、行业标准、地方标准和企业标准相配套，基本满足了食品安全控制与管理的目标和要求。但也存在着一些问题，如标准总体水平偏低；部分标准之间不协调，存在交叉，甚至互相矛盾；重要标准短缺；部分标准的实施状况较差，甚至强制性标准也未得到很好的实施。应制定系统、科学、合理且可行的食品安全标准，以解决当前我国食品标准多头重复、相互矛盾，食品生产流通领域秩序混乱的状况。针对这些情况国家制定了食品标准清理整合的时间表。截至2023年9月，食品安全国家标准目录共1 563项。

《中华人民共和国食品安全法》第二十六条规定，食品安全标准包括8个方面的内容，即食品、食品添加剂、食品相关产品中的致病性微生物，农药残留、兽药残留、生物毒素、重金属等污染物质以及其他危害人体健康物质的限量规定；食品添加剂的品种、使用范围、用量；专供婴幼儿和其他特定人群的主辅食品的营养成分要求；对与卫生、营养等食品安全要求有关的标签、标志、说明书的要求；食品生产经营过程的卫生要求；与食品安全有关的质量要求；与食品安全有关的食品检验方法与规程；其他需要制定为食品安全标准的内容。

三、农产品、食品安全标准的结构

每一个食品标准内容不可能完全相同，但其总体结构要求基本相同。一般都由概述、正文部分（技术要素部分）和补充部分组成。概述部分包括封面与首页、目次、标准名称和前言等部分；正文部分包括范围、规范性引用文件、术语和定义、技术要

求、试验方法、检验规则、标签与标志、包装、贮存、运输；补充部分包括附录和附加说明。现分别介绍产品标准、检验方法标准和操作规范标准的结构。

(一) 产品标准的结构

产品标准既有国家标准、行业标准、地方标准，也有企业标准。但无论哪级标准，标准的格式、内容编排、层次划分、编写的细则等都应符合《标准化工作导则　第1部分：标准化文件的结构和起草规则》(GB/T 1.1—2020)。食品产品标准内容较多，一般包括前言、范围、规范性引用文件、术语和定义、技术要求等。

(二) 检验方法标准的结构

检验方法标准一般包括前言、范围、规范性引用文件、术语和定义、原理、试剂和材料、仪器和设备、分析步骤、分析结果计算、精密度、其他。

(三) 操作规范标准的结构

标准一般包括前言、范围、规范性引用文件、术语和定义、选址及厂区环境、厂房和车间、设备、卫生管理、原料和包装材料的要求、生产过程的食品安全控制、检验、产品的贮存和运输、产品追溯和召回、培训、管理机构和人员、记录和文件的管理等内容。

第三节　农产品质量安全控制体系

一、食品安全控制体系 HACCP

(一) 食品安全控制体系 HACCP 概述

1. HACCP 的概念

HACCP 是英文 Hazard Analysis Critical Control Point 的缩写。

中文译为"危害分析及关键控制点"。国家标准《食品工业基本术语》（GB/T 15091—1994）对其规定的定义是：生产（加工）安全食品的一种控制手段；对原料、关键生产工序及影响产品安全的人为因素进行分析；确定加工过程中的关键环节，建立、完善监控程序和监控标准，采取规范的纠正措施。它是食品安全的控制体系。

2. HACCP 体系范围

开展 HACCP 体系的领域包括：饮用牛乳、奶油、发酵乳、乳酸菌饮料、奶酪、生面条类、豆腐、鱼肉火腿、蛋制品、沙拉类、脱水菜、调味品、蛋黄酱、盒饭、冻虾、罐头、牛肉食品、糕点类、清凉饮料、机械分割肉、盐干肉、冻蔬菜、蜂蜜、水果汁、蔬菜汁、动物饲料等。

（二）HACCP 控制体系的特点

（1）HACCP 是预防性的食品安全保证体系，但它不是一个孤立的体系，必须建立在良好操作规范（GMP）和卫生标准操作程序（SSOP）的基础上。

（2）每个 HACCP 计划都反映了某种食品加工方法的专一特性，其重点在于预防，从工艺设计上防止危害进入食品。

（3）HACCP 不是零风险体系，但可使食品生产最大限度趋近于"零缺陷"。可尽量降低食品安全危害的风险。

（4）食品安全的责任首先归于食品生产商及食品销售商。

（5）HACCP 强调加工过程，需要工厂与政府交流沟通。政府检验员通过确定危害是否正确地得到控制来验证工厂 HACCP 实施情况。

（6）克服传统食品安全控制方法（现场检查和成品检测）的缺陷，将力量集中于 HACCP 计划制订和执行时使食品安全的控制更加有效。

（7）HACCP 是把精力用于食品生产加工过程中最易发生安

全危害的环节上。

（8）HACCP 概念可应用到食品质量的其他方面，控制各种食品缺陷。

(三) 我国 HACCP 应用发展情况

中国食品和水产界较早关注和引进 HACCP 质量保证方法。1991 年农业部渔业局派遣专家参加了美国 FDA、NOAA、NFI 组织的 HACCP 研讨会，1993 年国家水产品质检中心在国内成功举办了首次水产品 HACCP 培训班，介绍了 HACCP 原则、水产品质量保证技术、水产品危害及监控措施等。1996 年农业部结合水产品出口贸易形势颁布了冻虾等五项水产品行业标准，并进行了宣讲贯彻，开始了较大的规模的 HACCP 培训活动。2002 年 12 月中国认证机构国家认可委员会正式启动对 HACCP 体系认证机构的认可试点工作，开始受理 HACCP 认可试点申请。通过对 HACCP 体系近十年的认证和摸索，2011 年为规范食品行业危害分析与关键控制点（HACCP）体系认证工作，根据《中华人民共和国食品安全法》《中华人民共和国认证认可条例》等有关规定，制定了《危害分析与关键控制点（HACCP）体系 食品生产企业通用要求》（GB/T 27341—2009）。

二、良好农业规范（GAP）

（一）良好农业规范（GAP）概述

1. GAP 的概念

GAP 是 Good Agricultural Practices 的缩写，中文意思是"良好农业规范"，是欧、美、澳大利亚等发达地区在农业生产领域广泛采取的一项标准化的生产管理体系，它区别于有机农业禁止使用农业化学品，而主张在生产中合理使用农业化学用品，达到规范生产过程和产后加工过程，提高农产品质量的目的。

根据联合国粮食及农业组织的定义,"良好农业规范",广义而言,是应用现有的知识来处理农场生产过程和生产后的环境、经济和社会可持续性的问题,从而获得安全而健康的食物和非食用农产品。狭义而言,"良好农业规范"是针对初级农产品生产,包括作物种植和动物养殖的管理控制模式。它通过实施种植、养殖、采收、清洗、包装、储藏和运输过程中的有害物质和有害微生物危害控制,保障农产品质量安全。

2. GAP 的作用

(1) 有利于提升农业生产标准化水平,提高农产品的内在品质和安全水平,增强消费者的消费信心。

(2) 在中国加入世界贸易组织之后,GAP 认证成为农产品进出口的一个重要条件,通过 GAP 认证的产品将在国内外市场上具有更强的竞争力。

(3) 有利于增强生产者的安全和环保意识,有利于保护劳动者的身体健康。

(4) 有利于保护生态环境和增加自然界的生物多样性,有利于自然界的生态平衡和农业的可持续性发展。

(5) 通过 GAP 认证可以提升产品的附加值,增加认证企业和生产者的收入。

3. GAP 的原则

(1) 经济、有效地生产充足的(食品防御安全)、安全的(食品安全)和营养的食品(食品质量)。

(2) 维持并增强天然资源的利用。

(3) 保持有活力的农业企业和对可持续发展做出贡献。

(4) 符合文化和社会需要。

4. GAP 的主要内容

GAP 的主要内容概括起来包括以下 8 个方面。

(1) 水的要求。无论任何情况下,接触新鲜果蔬的水的质量好坏直接关系是否会有潜在的微生物污染。

(2) 肥料的要求。正确处理农家肥可以获得安全有效的肥料。未经处理、不正确处理或再污染农家肥,可能携带影响公共健康的病原菌,并导致农产品污染。

(3) 工人健康和卫生的要求。感染的员工增加了对新鲜产品污染的风险。

(4) 田间的卫生要求。新鲜产品会在收获前或收获的时候被接触到的土壤、肥料、水、工人和设备污染。

(5) 卫生设施要求。田间的卫生设施状况直接关系产品是否会被污染。

(6) 包装设备要求。保持包装设备的状态良好,有助于减少微生物的污染。

(7) 运输的要求。正确的运输方式有助于减少微生物的污染。

(8) 追溯性的要求。确定产品的来源是良好农业的重要补充和管理要求。

(二) 中国良好农业规范(China GAP)标准

为建立我国 GAP 认证和标准体系,国家认证认可监督管理委员会(以下简称"国家认监委")自 2004 年起组织有关方面的专家已制订并由国家标准委发布了 27 项 GAP 国家标准。国家认监委还发布了《良好农业规范认证实施规则》,建立了我国统一的 GAP 认证体系。

1. 现行 China GAP 系列标准

目前,中国良好农业规范标准包括如下 27 个:GB/T 20014.1~GB/T 20014.27。

中国良好农业规范认证内容根据认证标准分 3 层:第一,农场基础标准。它是一个通用标准,标准中提出了适用于所有作物、水产品养殖等的控制点和符合性规范。第二，种类标准。它是作物、畜禽、水产养殖三大类产品生产必须遵守的基础要求。第三，产品模块标准。它是涵盖种植类、畜禽养殖类和水产养殖类具体产品的认证要求。近年来，GAP认证范围不断扩大，GAP认证数量也在快速增长。由此可见，良好农业规范在中国得到了快速发展。

产品模块标准分为三类：一是作物类，包括大田作物、水果和蔬菜、茶叶、花卉和观赏植物、烟叶、蜜蜂；二是畜禽类，包括牛羊、奶牛、猪、家禽、畜禽公路运输；三是水产养殖类，分为水产工厂化养殖基础，水产网箱养殖基础，水产围栏养殖基础，以及水产滩涂、吊养、底播养殖基础，包括罗非鱼、鳗鲡、对虾、鲆鲽、大黄鱼、中华绒螯蟹等水产品养殖。

实施认证时，应将农场基础标准、种类标准与产品模块标准结合使用。

2. China GAP 标准结构

（1）前言。介绍GB/T 20014的系列标准以及标准修订、增补的情况；标准主要起草单位、主要起草人、替代标准的历次版本。

（2）引言。包括要求和标准内容条款的控制点两个部分。

①要求。包括食品安全危害管理，农业可持续发展的环境保护要求，员工的职业健康、安全和福利要求，动物福利的要求。

②标准内容条款的控制点划分为3个等级，遵循如下原则：基于危害分析与关键控制点（HACCP）和与食品安全直接相关的动物福利的所有食品安全要求；基于1级控制点要求的环境保护、员工福利、动物福利的基本要求；基于1级和2级控制点要求的环境保护、员工福利、动物福利的持续改善措施要求。

（3）正文部分。包括范围、规范性引用文件、术语、要求等几个部分。其中要求是重要的内容。

（三）中国良好农业规范（China GAP）认证级别

China GAP 认证级别分为两级，分别是一级和二级。

1. 一级认证要求

（1）应符合适用良好农业规范相关技术规范中所有适用一级控制点的要求。

（2）应至少符合所有适用良好农业规范相关技术规范中适用的二级控制点总数95%的要求。

（3）不设定三级控制点的最低符合百分比。

（4）二级控制点允许不符合百分比计算公式。

（二级控制点总数－不适用的二级控制点总数）×5% = 允许不符合的二级控制点总数

注：允许不符合的二级控制点最终的总数是计算的实际数值取整。

2. 二级认证要求

（1）应至少符合所有适用良好农业规范相关技术规范中适用的一级控制点总数95%的要求。

注：可能导致消费者、员工、动植物安全和环境严重危害的控制点必须符合要求。

（2）一级控制点允许不符合百分比计算公式。

（一级控制点总数－不适用的一级控制点总数）×5% = 允许不符合的一级控制点总数

（3）不设定二级控制点、三级控制点的最低符合百分比。

3. 符合性判定要求

（1）不论申请一级还是二级认证，所有适用的控制点（包括一级、二级和三级控制点）都必须审核、检查，并应在检查表的备注栏中对所有不符合进行描述。

(2) 在审核、检查中应收集对每个控制点的审核和检查证据。一级控制点的审核和检查证据应在检查表的备注栏中记录，以便追溯。

(3) 良好农业规范相关技术规范中被标记为"全部适用"的控制点，除非特别指出，都必须经过审核和检查。只有经国家认监委特许可免除该条款的审核和检查，这些例外由国家认监委发布。

（四） China GAP 认证方式及要求

申请人可以是农业生产经营者和农业生产经营者组织。申请人可按照下列两种认证方式之一申请认证。

1. 农业生产经营者认证

包括内部检查、外部检查、不通知监督检查。

（1） 内部检查。

①应进行完整的基于良好农业规范相关技术规范要求的内部检查，在外部检查时必须将内部检查记录提供给外部检查员进行审核。

②每年至少进行一次内部检查。

（2） 外部检查。认证机构对已获证的农业生产经营者及其所有适用模块的生产场所，按所有适用控制点的要求每年至少实施一次通知检查。

（3） 不通知监督检查。

①认证机构每年应至少对其认证的农业生产经营者按不低于10%的比例实施不通知检查。当认证机构发证的数量少于10家时，不通知检查数量不得少于1家。

②不通知检查可仅对良好农业规范相关技术规范适用的一级和二级控制点进行检查，发现不符合的处理方式和通知检查的处理方式一致。

③不通知检查可以在检查前48小时内向农业生产经营者提

供检查计划，农业生产经营者无正当理由不得拒绝检查。第一次不接受检查将收到书面告诫，第二次不接受检查将导致证书的完全暂停。

2. 农业生产经营者组织认证

包括内部质量管理体系审核、内部检查、质量管理体系外部通知审核、质量管理体系外部不通知审核、外部检查。

（1）内部质量管理体系审核。农业生产经营者组织应每年按照农业生产经营者组织质量管理体系的要求，进行内部质量管理体系审核。此部分审核与 ISO 9000 质量管理体系内部审核一致。

（2）内部检查。

①农业生产经营者组织每年应对每个成员及其生产场所至少实施一次内部检查，内部检查由农业生产经营者组织的内部检查员实施，或转包给外部检查员实施，但此时不同于认证时的外部检查员检查，不做认证决定，且此外部检查员不应是外部检查认证机构的人员。

②每年的内部检查应按照良好农业规范相关技术规范所有适用控制点的要求进行。

（3）质量管理体系外部通知审核。认证机构每年应对申请人的质量管理体系进行一次通知审核，质量管理体系审核中发现的不符合可以通过纠正措施计划进行关闭，纠正时限应依据不符合严重程度来确定，但最长不可超过 28 天。

（4）质量管理体系外部不通知审核。

①认证机构每年至少对其认证的农业生产经营者组织按不低于 10% 的比例增加实施一次不通知审核。当发证机构发证的数量少于 10 家时，不通知审核数量不得少于 1 家。

②不通知审核仅审核组织的质量管理体系部分，任何质量管理体系的不符合将导致对整个组织的制裁。

③不通知审核可以在检查前 48 小时内向获证农业生产经营者组织提供审核计划，获证农业生产经营者组织无正当理由不得拒绝审核。第一次不接受审核将收到书面告诫，第二次不接受审核将导致证书的完全暂停。

（5）外部检查。

①每年应对所有获证的农业生产经营者组织实施一次通知的外部检查和一次不通知的外部检查。检查采取对农业生产经营者组织内成员随机抽样的方式进行。

②初次认证、良好农业规范相关技术规范更新或获证的农业生产经营者组织更换认证机构时，抽样数不能少于农业生产经营者组织成员数量的平方根。

③获证农业生产经营者组织每年进行的不通知检查抽样数量，可以是初次认证抽样数量的 50%。如果检查没有发现不符合，下一次通知检查时抽样数量可以减为成员数平方根的 50%。如果在不通知检查中出现不符合，则在下一次通知检查时抽样数量按照初次检查要求对待。

每年的外部检查应按照良好农业规范相关技术规范所有适用控制点的要求进行。

（五）中国良好农业规范（China GAP）认证条件及流程

1. 申请 China GAP 认证的农场须具备的基本条件

（1）符合标准要求的硬件、软件条件。

（2）已按标准要求建立统一的操作规范，并有效实施。

（3）有至少三个月按操作规范运行的记录。

2. China GAP 的认证流程

（1）申请。

①申请文件应包括以下内容。申请人的名称、联系人的姓名、最新的地址（地址和邮编）、其他身份证明（营业执照等）、联络方式（电话传真及电子邮件地址）、产品名称、当年的生产

面积（作物类）及产品的数量（畜禽、水产类）、申请的和不准备申请的作物名称（作物类）、一次收获还是多次收获（作物类）、申请选项（1或2）、申请级别（一级或二级）、申请认证的标准名称和版本、原认证注册号（如有）、认证机构要求提交的信息。

除此以外，还包括以下内容。

对果蔬产品：如果不进行产品处理，则声明不包含产品处理（对每种认证的产品）；如果是在农场范围外进行产品处理，提供产品处理者的认证注册号码（适用时）；如果产品需进行处理，生产者应说明是否同时处理来自其他获证生产者的产品（这种情况下在 GB/T 20014 中关于农产品处理的所有适用的二级控制点都必须按照一级控制点来检查）。

对茶叶、水产品：如产品由监管链中指定的加工者加工，生产者应立即将其注册号码通知认证机构并及时更新（适用时）。

对畜禽、水产产品：当生产者获悉运输方的注册号或注册号码变更时，应立即通知认证机构并更新（适用时）。

产品可能的消费国家或地区的声明。

产品符合产品消费国家或地区的相关法律法规要求的声明和产品消费国家或地区适用的法律法规清单［包括申请认证产品适用的农药最大残留量（MRL）法规］。

②合同。申请人向认证机构申请认证后，应与认证机构签署认证合同。

③注册号。申请人与认证机构签署合同后，认证机构应授予申请人一个认证申请的注册号码。

注册号编码规则：ChinaGAP+空格+认证机构名称的字母缩写+空格+申请人的流水号码。

注：只有在取得注册号后才能开始检查或审核。

（2）检查和审核程序。

①农业生产经营者认证和农业生产经营者组织认证有区别。
②现场确认。必须检查农场及其模块的生产场所。
③检查和审核时间安排。

a. 作物类认证。包括初次认证检查、复评等过程。认证机构应当根据认证产品模块的风险程度，制订适宜的产品抽样程序和检验方案，实施相应的抽样检验，以验证认证产品符合消费国家或地区的相关法律法规要求。

b. 畜禽类和水产类认证。初次认证检查和复评时，畜禽或水产品必须在养殖状态。复评应在上一次检查6个月后、证书有效期之前完成。如果在规定的复评时间内，没有畜禽在养殖状态供检查，认证机构可将生猪、家禽模块认证证书有效期再延长3个月，牛、羊以及奶牛模块认证证书有效期延长6个月（认证证书有效期的延长必须在证书有效期之前提出，并被认证机构批准，否则认证证书将被撤销）。如果认证证书同时覆盖了生猪、家禽和牛、羊、奶牛模块，则复评应按照在生猪、家禽的复评时间要求进行，以满足不同模块复评时间的要求。对于畜禽24个月内检查时间的确定，应考虑冬季、夏季和室内、室外的因素。

（3）认证的批准。认证的批准是指签发认证证书。认证机构和申请人的认证合同期限最长为3年，到期后可续签或延长3年。

（4）批准范围。批准范围应指明认证的产品范围、场所范围和生产范围。

三、食品良好操作规范（GMP）

（一）食品良好操作规范（GMP）概述

1. GMP 的概念

GMP 是英文 Good Manufacturing Practices 的缩写，中文的意思是"良好操作规范"。是一种在生产过程中针对产品质量与卫生安全实施的自主性管理制度。它是一套适用于制药、食品等行业的强制性标准,要求企业从原料、人员、设施设备、生产过程、包装运输、质量控制等方面按国家有关法规达到卫生质量要求,形成一套可操作的作业规范帮助企业改善卫生环境,及时发现生产过程中存在的问题,加以改善。简要地说,GMP 要求食品生产企业应具备良好的生产设备,合理的生产过程,完善的质量管理和严格的检测系统,确保最终产品的质量(包括食品安全卫生)符合法规要求。

GMP 所规定的内容,是食品加工企业必须达到的最基本的条件。

2. GMP 目标要素

GMP 的目标要素包括将人为的差错控制在最低的限度,防止对食品的污染,保证高质量产品的质量管理体系。

(1)将人为的差错控制在最低的限度。质量管理部门从生产管理部门独立出来,建立相互监督检查制度,指定各部门责任者,制订规范的实施细则和作业程序,各生产工序严格复核,如称量、材料贮存领用等。在装备方面,各工作间要保持宽敞,消除妨碍生产的障碍;不同品种操作必须有一定的间距,严格分开。

(2)防止对食品的污染。操作室清扫和设备洗净的标准及实施;对生产人员进行严格的卫生教育;操作人员定期进行身体检查,以防止生产人员带有病菌、病毒而污染食品;限制非生产人员进入工作间等。在装备方面:操作室专用化;直接接触食品的机械设备、工具、容器,应选用跟食物不发生反应的材质制造;防止机械润滑油对食品的污染等。

(3)保证高质量产品的质量管理体系。质量管理部门独立行使质量管理职责;机械设备、工具、量具定期维修校正;检查生产工序各阶段的质量,包括工程检查;有计划的合理的质量控制,包括质量管理实施计划、试验方案、技术改造、质量攻关要适应生产计划要求;在适当条件下保存出厂后的产品质量检查留下的样品；收集消费者对食品投诉的信息，随时完善生产管理和质量管理等。

在装备方面，应合理配备操作室和机械设备，采用先进的设备及合理的工艺布局；为保证质量管理的实施，配备必要的试验、检验设备和工具等。

3. 推行食品 GMP 的意义

（1）为食品生产提供一套必须遵循的组合标准。

（2）为食品监管部门、食品卫生监督员提供监督检查的依据。

（3）为建立国际食品标准提供基础，有利于食品进入国际市场。

（4）促进食品企业质量管理的科学化和规范化。使食品生产经营人员认识食品生产的特殊性，由此产生积极的工作态度，激发对食品质量高度负责的精神，消除生产上的不良习惯。

（5）有助于食品生产企业采用新技术、新设备，从而保证食品质量。

（二）我国食品 GMP 的发展

1984 年，参照联合国粮食及农业组织（FAO）和世界卫生组织（WHO）食品法典委员会的《食品卫生通则》，结合我国国情制定了《食品企业通用卫生规范》（GB 14881—1994），作为我国食品企业必须执行的国家标准发布。在 1988—1998 年，卫生部（现国家卫生健康委员会，下同）制定了 19 个食品加工企业卫生规范，简称"卫生规范"，形成了我国食品 GMP 体系。这些规范包括罐头、白酒、啤酒、酱油、食醋、食用植物油等。卫生规范制定的目的主要是针对当时我国大多数食品企业卫生条件和卫生管理比较落后的现状，重点规定厂房、设备、设施的卫生要求和企业的自身卫生管理等内容，借以促进我国食品企业卫生状况的改善。

鉴于制定我国食品企业 GMP 的时机已经成熟，1998 年，卫生部发布了《保健食品良好生产规范》(GB 17405—1998)和《膨化食品良好生产规范》(GB 17404—1998),这是我国首批颁布的食品 GMP 标准,标志着我国食品企业管理开始向高层次发展。我国根据国际食品贸易的要求,1994 年由国家商检局首先制定了类似 GMP 的卫生法规《出口食品厂、库卫生要求》,于 1994 年 11 月发布。在此基础上,又陆续发布了出口畜禽肉等 9 个专业卫生规范。1999 年又颁布了《水产品加工质量管理规范》(SC/T 3009—1999)。2002 年 5 月对《出口食品厂、库卫生要求》进行了修订,发布了《出口食品生产企业卫生要求》。

2009 年《中华人民共和国食品安全法》颁布前,卫生部以食品卫生国家标准的形式发布了近 20 项"卫生规范"和"良好生产规范"。有关行业主管部门制定和发布了各类"良好生产规范""技术操作规范"等 400 余项生产经营过程标准。2013 年,根据《中华人民共和国食品安全法》和国务院工作部署,开展食品安全国家标准整合工作。截至 2018 年,国家颁布了以《食品安全国家标准 食品生产通用卫生规范》(GB 14881—2013)为基础、40 余项涵盖与人们日常饮食中密切相关的乳制品、畜禽屠宰加工、饮料、发酵酒及其配制酒、谷物加工、糖果巧克力、膨化食品、食品辐照加工、包装饮用水、肉和肉制品、水产制品、蛋与蛋制品等主要食品类别的生产经营规范类食品安全标准体系。

(三) 我国食品 GMP 的内容

食品企业实施 GMP 有利于食品质量控制,有利于企业的长远发展。企业要建立 GMP,就需要了解 GMP 的内容。食品 GMP 体系的内容依据《食品安全国家标准 食品生产通用卫生规范》(GB 14881—2013)。该标准包括:范围;术语和定义;选址及厂区环境;厂房和车间;设施与设备;卫生管理;食品原料、食品添加剂和食品相关产品;生产过程的食品安全控制;检验;食品的贮存和运输;产品召回管理;培训;管理制度和人员;记录和文件管理 14 个部分。要求企业从原料、人员、设施设备、生产过程、包装运输、质量控制等方面按照国家有关法规达到卫生质量要求，形成一套可操作的作业规范，使得生产出来的产品在质量与安全方面有保证。

四、全国农产品全程质量控制技术体系（CAQS-GAP）

（一）全国农产品全程质量控制技术体系（CAQS-GAP）概述

CAQS-GAP 是 The Quality Standards for Agriculture of China-Good Agricultural Practice 的缩写，意为"全国农产品全程质量控制技术体系"。

实施农产品全程质量控制技术体系，既是保障农产品质量安全的国际通行做法，也是高品质农产品生产的重要实现路径，更是提振公众农产品消费信心的重要方面。按照乡村振兴战略和《国家质量兴农战略规划（2018—2022 年）》关于支持建立生产精细化管理与产品品质控制体系和采用国际通行的良好农业规范的部署以及农业农村部关于质量兴农、绿色兴农、品牌强农和启动农产品全程质量控制技术体系生产基地创建示范工程的要求，农业农村部农产品质量安全中心自 2018 年起在原有引进转化的农产品全程质量控制技术体系和首批试点的基础上，结合国家良好农业规范 GAP 认证技术模式，全面推进规模化农产品生产经营主体（企业、合作社、家庭农场等，下同）开展全国农产品全程质量控制技术体系（CAQS-GAP）试点，以推动农产品质量安全全程管理和实时展示农产品良好生产经营行为，科学指导农产品规范化生产和正确引导农产品健康消费，为推动农产品质量安全水平提升、名特优新农产品品牌培育和农产品安全优质营养化高品质发展奠定技术基础。

(二) CAQS-GAP 试点申请

全国农产品全程质量控制技术体系（CAQS-GAP）试点，坚持常态化推进和农产品生产经营主体"自愿申请、自我实施"原则，鼓励已通过"三品一标"和相关质量体系认证登记的农产品生产经营主体申请全国农产品全程质量控制技术体系（CAQS-GAP）试点。

试点由符合条件和有积极性的农产品生产经营主体自愿申请，经所在地县级农业农村部门农产品质量安全（优质农产品开发服务）工作机构推荐，地市级农业农村部门农产品质量安全（优质农产品开发服务）工作机构审核和省级农业农村部门农产品质量安全（优质农产品开发服务）工作机构审查后，报农业农村部农产品质量安全中心审定。申请工作常年受理，符合试点条件的，纳入试点范围和名录，由国家中心每季度公布试点名单（试点期2年），核发全国农产品全程质量控制技术体系（CAQS-GAP）试点证书。

通过一定时期的试点，符合国家良好农业规范要求的，鼓励试点农产品生产经营主体申请国家良好农业规范（GAP）认证。国家中心积极支持以县域（区域）为单元整建制推进全国农产品全程质量控制技术体系（CAQS-GAP）试点。

(三) CAQS-GAP 试点申请材料

（1）国家法律法规规定的申请主体的相关资质证明文件复印件。

（2）已获得相关产品质量安全认证如良好农业规范（GAP）、有机农产品、绿色食品等认证证书复印件。

（3）农产品质量安全和名特优新农产品等方面的获奖证书复印件。

（4）申请者认为必要的其他证明性材料。

（5）全国农产品全程质量控制技术体系（CAQS-GAP）试点申请书（表7-1）。

表 7-1　全国农产品全程质量控制技术体系（CAQS-GAP）试点申请书

表 7-1-1　申请主体基本情况

申请主体全称					
主体性质	□企业　□合作社　□家庭农场（经注册登记）　□其他				
法人代表 （负责人）		联系电话 （区号+电话）		手机	
联系人		联系电话 （区号+电话）		手机	
传　真			电子邮箱		
通信地址				邮政编码	
员工人数		管理人员数	技术人员数		生产人员数
生产基本情况					
生产规模 （公顷、万头、 万只、万羽、 立方米水体）					
生产基地 详细地理位置					
产品基本情况					
主要产品类别	生产规模（公顷、 万头、万只、万羽、 立方米水体）		年产量 （吨）		年销售额 （万元）
已获得认证或获奖情况					
□GAP　□有机农产品　□绿色食品　□无公害农产品 □名特优新农产品　□其他＿＿＿＿					
申请主体 声明与承诺	1. 申请全国农产品全程质量控制技术体系（CAQS-GAP）试点所提交的材料和填写的内容全部真实、有效。如有虚假成分，责任自负。 2. 严格按照《农产品全程质量控制技术体系（CAQS-GAP）试点规范》和相关法律法规及技术标准要求，建立并实施农产品全程质量控制技术体系（CAQS-GAP），落实全程各项技术规范。 3. 自觉、主动接受县级以上农业农村部门农产品质量安全（优质农产品开发服务）工作机构及相关主管部门的指导检查，并对检查过程中发现的问题及时整改。 法人代表（负责人）（签字）： 　　　　　　　　　　　　　　　　　　年　月　日					

表 7-1-2　审查推荐意见

县级农业农村部门农产品质量安全（优质农产品开发服务）工作机构推荐意见	负责人（签字）： （工作机构印章） 　　　　　年　　月　　日
地市级农业农村部门农产品质量安全（优质农产品开发服务）工作机构审核意见	负责人（签字）： （工作机构印章） 　　　　　年　　月　　日
省级农业农村部门农产品质量安全（优质农产品开发服务）工作机构审查意见	负责人（签字）： （工作机构印章） 　　　　　年　　月　　日
农业农村部农产品质量安全中心审定意见	负责人（签字）： （单位印章） 　　　　　年　　月　　日

第八章　农产品质量安全相关案例

第一节　农产品质量安全追溯典型案例

凭证销售全程追溯，让消费者吃得放心
——福建省安溪县中科生物股份有限公司

案例主题：

福建省安溪县中科生物股份有限公司严格按照"生产记录、信息上传、质量保证、源头出证、凭证上市"步骤，及时录入产品追溯信息，确保出厂的每个产品都有它专属的"身份证"，实现产品全程可追溯，让消费者买得安心，吃得放心。公司已实现与元初、永辉、优野、天元等近百家超市、供货商、星级酒店合作，可追溯产品平均价格提高20%，销量每年提升10%以上。

一、基本情况

福建省中科生物股份有限公司创立于2015年，是中国科学院植物研究所与福建三安集团共同发起的合资企业。公司植物工厂产业化基地位于安溪县湖头光电产业园区，面积500亩，利用LED光谱技术，采用自动化环境控制及智能化装备，在十万级

净化厂房进行植物工厂化种植,年产绿色、安全、优质蔬菜300多吨。公司自2019年3月入驻福建省农产品质量安全追溯系统以来,真实录入企业基本信息和产品信息,实现源头赋码出证、凭证销售,确保出厂的每个产品都有它专属的"身份证",满足消费者扫码查验,全程追溯,市场竞争力大大提升。

二、主要做法

(一)狠抓生产记录,确保信息可靠

企业和产品基本信息的精准采集是溯源的前提。公司高度重视生产记录这个关系质量管控水平的重要载体,成立了以植物工厂产业化基地厂长为组长的推进追溯体系工作组,制订工作方案,明晰岗位职责,岗前培训到位,实行按标生产,全程记录作业,从车间每周的沉降菌监测、人员卫生监测,到物料投入、接种、培养、采收、采后处理、检测和销售情况等信息都能明白无误记载在相关表格里,相关生产记录保存两年以上。

(二)狠抓信息上传,确保全程可视

纸质信息上传到追溯系统是实现溯源的重要环节。在纸质生产记录信息传递方面,公司内部指定专人统一收集整理,上传追溯系统。首先,在追溯系统上如实填写主体名称、主体代码、地址、法定代表人、身份证号码、负责人手机,上传企业荣誉和形象照片等,建立生产主体信息。其次,在追溯系统上传产品认证信息,并按照生产记录如实填写农产品名称、生产基地、生产规模、生产起始日期、施肥、用药、质保、收获、初加工、销售流向等活动信息,建立农产品电子生产信息档案。截至2022年11月,公司在追溯系统上建立了8 000多条电子生产信息档案。

(三)狠抓批批检测,确保质量安全

产品质量安全是公司发展的生命线。公司严格生产车间的无菌管理和投料(含水)纯净管理,确保种苗不受微生物和虫害

的侵袭，进而保证生产的产品"零虫害""零农残""零污染"。还定期对产品进行例行检验，对每批拟出厂的产品进行快检，检测合格才能出厂，快检报告上传追溯系统"质保信息"模块，同时承诺："没有使用禁用农药兽药、停用兽药和非法添加物，上市农产品符合农药安全间隔期、兽药休药期规定，对上传的追溯信息真实性负责"。

（四）狠抓源头出证，确保一品一码

一品一码，扫码查验，全程追溯可大大激发消费潜力。公司严格贯彻落实食用农产品产地准出和市场准入衔接制度，对拟上市的每批次蔬菜由追溯系统自动赋码，并生成产品追溯凭证或二维码标签，实现源头赋码出证。截至2022年11月，公司开具追溯凭证13 000多批次，出产绿色、安全、优质蔬菜330吨。

（五）狠抓凭证出厂，确保凭证上市

公司对蔬菜上市前都进行流水线预包装，专人负责粘贴追溯码标签，凭证上市销售，满足消费者扫码查验。通过扫码，产品名称、生产主体、产品收获日期、最后用药日期、质量保证、生产记录、企业荣誉、企业形象、认证信息等信息一目了然。截至2022年11月，公司已使用产品追溯码标签2 213 467枚。

三、主要成效

（一）企业管理水平提升，产品质量更有保障

参与追溯体系建设已成为公司品控不可或缺的组成部分，不仅提高了公司品控的精准性和可溯性，明显增强了员工的责任感，还降低了管理成本，使得产品质量逐年提高，至今实现零投诉。

近年来，公司先后获得良好农业规范认证、质量管理体系认证、食品安全管理体系认证、有机转换认证，荣获福建省院士专家工作站、福建省科技型企业、金砖国家领导人厦门会晤食材供

应企业、泉州国家农业科技园区示范基地等称号。

(二)市场认可度大大提升,产品销量明显增加

公司生产的蔬菜凭证销售,备受消费者青睐。公司现与元初、永辉、优野、天元等近百家连锁商超、星级酒店合作,销量每年提升10%以上。当年仅"优雅生菜"单品月销量就高达14.45吨,同比增长了70%。

(三)品牌价值明显提升,产品价格明显提高

消费者对可追溯的企业和品牌更加信赖,优先选择有追溯的产品,觉得质量更有保障,增强了消费者的信心。公司10个蔬菜产品平均价格高出同类产品20%以上,实现了溢价。

四、案例分析

福建省安溪县中科生物股份有限公司为凸显蔬菜产品"零虫害""零农残""零污染"的优势,大力营造放心消费、安全消费、快乐消费的氛围,进一步激发了消费潜力,拓展了市场空间,满足了消费者知晓蔬菜从播种到餐桌全过程的需求。

公司依托福建省农产品质量安全追溯系统,严格过程管控,实现农产品源头赋码出证、凭证销售,消费者可扫码查验、全程追溯、查实、监督。老客户更加信赖,新客户主动联系,市场认可度明显提升,产品溢价明显,销量增加,从而大大提升了"中科三安"的品牌形象,取得了良好的社会效益和经济效益。

数据互联互通,质量安全全程追溯
——招贤五彩现代农业开发有限公司

案例主题:

招贤五彩现代农业开发有限公司通过使用山东省农产品质量安全追溯平台、中国商品条码以及自主研发的售后跟踪系统、

"柿一家"微信小程序，实现了国家、省、市、县、基地数据互联互通和农产品"田间—市场—餐桌"整个环节实时监控，确保了农产品质量安全全程可追溯，产品的商品率提高了8%，货损同比降低3%，生产的樱桃番茄价格高出普通樱桃番茄一倍多，与追溯码使用前相比，同比上升18%，经济效益、社会效益、生态效益显著提升。

一、基本情况

招贤五彩现代农业开发有限公司成立于2017年11月，注册资本1亿元，现有职工336人，规划面积2万亩，位于山东省日照市，是近三年来新崛起的高端设施农业生产企业。主要从事农业项目开发，农业技术研发，花卉、苗木、农作物种植销售，园林绿化、休闲采摘、农产品初加工销售等。投资2.4亿元，建有9公顷荷兰标准智能化连栋玻璃温室、37个高标准冬暖式大棚，生产番茄、黄瓜、茄子、辣椒等各类蔬菜，形成周年蔬菜种植生产基地；第二栋8公顷智能化玻璃温室即将动工。建有精品苗木展示区430亩，形成效益叠加，实现优势互补、协调发展的生态农业生产模式；建有3个专业气调库，发展冷链物流来调整和促进园区蔬菜产业的发展。

2019年5月，公司主动引入使用山东省农产品质量安全追溯平台，实现了国家、省、市、县、基地数据互联互通。通过扫描追溯码，可以详细了解作物从种植准备、培育、定植、生长到收获、采后处理等生产全过程，使得每个产品拥有自己的"身份证"，做到了生产有记录、信息可查询、流向可追踪、责任可追究、产品可召回的全程监管，实现了农产品从种植到餐桌的溯源，增强了消费者的信心，提高了五彩优质特色产品品牌影响力。在投产短短两年的时间，已累计打印232 396张溯源码，销售各类蔬菜1 530吨。

二、主要做法

（一）健全的组织机构

成立了以总经理为组长的质量追溯管理领导小组，配备了21名农事区域负责人、7名品控人员、3名内检员、2名检测人员和2名追溯系统管理人员，所有人员经专业培训后上岗，并将工作完成情况纳入年终绩效考核，保证了质量追溯管理的独立、有效。

（二）先进的种植基地

投入资金2.31亿元，建立了9公顷荷兰标准智能化连栋玻璃温室、37个高标准冬暖式大棚，生产番茄、黄瓜、茄子、辣椒等各类蔬菜，按照绿色食品与Global GAP标准，定期进行环境监控和灌溉水检测，引进比利时碧奥特IPM生物防治系统、荷兰Priva硫黄熏蒸系统、补偿式滴箭灌溉系统、精准控制灌溉Ec和pH的施肥系统等从事农业生产，减少了农药化肥的使用量。2020年12月，番茄、樱桃番茄产品获得绿色食品认证。

（三）规范的生产管理

成功创建了山东省田园综合体标准化试点单位，先后通过绿色食品认证、Global GAP（全球良好农业操作认证），与珠海华蓓生态科技有限公司、上海由由农业科技有限公司、德州浩丰智慧农业有限公司共同起草制订《现代智能玻璃温室番茄种植技术标准》行业标准，制订企业内部标准412项。农事区域负责人每天测量、记录作物生长环境的温湿度以及生长情况，对所负责的生产区域进行全时段监管；内检员对各项农事活动以及农业投入品使用等进行现场监督检查。通过高度集约化的管理方式，实现作物生长全过程的质量控制。

（四）严谨的检验检测

建设了专业实验室，制定了实验室管理制度和检验检测制度，配备了3名检测人员，购置了农药残留快速测定仪等仪器设备。在产品采收前7天，由1名检测人员和1名区域种植负责人共同到种植基地进行抽样后，送至实验室检测，检测合格方可采收。发货之前，由1名检测人员、1名成品库保管员、1名销售人员共同对产品再次进行抽检，检测合格后出库销售。

（五）严格的产品流出

建有1座专业蔬菜存放气调库，产品采收后分拣包装，按照品种、规格、重量、包装形式、成熟度不同，分选包装线统计员对产品进行清点登记；入库时，库管员清点登记产品，整托成品两小时入库1次。储存期间，严格执行果品储存标准，每日抽调3名品控部技术人员巡库，检查成品存放环境和存放状态，随时通知库管员调节冷库温度，使其保持适宜状态。库管员根据《库存货架期预警表》，及时向销售部门反馈产品货架期。

（六）完善的追溯系统

全程使用山东省农产品质量安全追溯系统，该系统主要由农产品生产基础信息模块、农产品生产履历管理模块、追溯信息识别与传递子模块、追溯码生成管理模块和追溯信息公共查询五大模块构成，包含农场日常种植管理、农资管理、种植档案、农事管理、采收管理、收购管理、检验检测、储藏管理、包装管理、运销管理和追溯管理11个小模块，并按照全省统一的追溯编码标准生成二维码追溯标签，农产品名称、规格重量、生产公司、联系方式、产地信息、采收批次、采收时间、出库时间、农事操作记录、农事操作人员、检测人员、检测批次、检测时间、检测结果及企业信息等所有相关数据都能显示在追溯二维码中，以便把农产品全程呈现给消费者，增强消费者信心。同时，与已建立的农业投入品监管追溯系统、农产品质量检测数据监管系统数据实现数据互联互通。此外，中国商品条码的使用为产品的质量安全追溯提供了双重保障。

(七) 精准的产品召回

公司自主研发了"柿一家"微信小程序线上销售产品,自主研发了售后跟踪系统,可以准确追溯到产品入库批次及批发商。一旦产品出现问题,可以根据出入库记录以及售后跟踪系统,确定问题产品的生产批号、生产日期、发货日期、发货数量以及生产区域、种植者,并最终锁定对应的消费者,确保产品精准召回。

三、主要成效

(一) 社会效益:增强消费者信心

使用农产品质量安全追溯系统,对农产品生产进行全过程记录,对农产品"田间—市场—餐桌"整个环节进行实时监控,实现了农产品质量安全全程可追溯,既提高了生产主体自律意识、责任意识,又增强了消费者信心。

(二) 经济效益:创造新的收入增长点

一是降低了生产管理成本。企业从产前、产中、产后形成了一套全面、完善的标准化管理体系,极大地提高了工作效率,降低了人工成本。同时,细化了生产细节,优化了管理流程,降低了日常生产、包装质量及人员管理等成本。

二是提高了产品附加值。通过精准追溯下的规范化管理,提升生产质量、产品质量及包装质量,产品的商品率提高了8%。同时,生产流程、配送流程等各环节时间缩短,延长了产品货架期,货损同比降低了3%。另外,追溯码载明了产品的详细信息,能更好地展示特色和优势,增强市场竞争力,实现更多的市场价值,生产的樱桃番茄价格高出普通樱桃番茄价格一倍多,与追溯码使用前相比,同比上升18%。产品销往北京、上海、广州、江苏、浙江、河南等地,示范带动了周边农产品生产企业。

(三)生态效益:实现节水、节能、节地和清洁安全生产

追溯系统的使用,实现了产品质量全程监管,对于农产品生产提出了更高更严格的要求。公司引进比利时碧奥特 IPM 生物防治系统,监控防治生物危害;采用熊蜂授粉,杜绝了使用激素授粉的危害;利用荷兰 Priva 硫黄熏蒸系统,杀菌消毒;推广无土栽培技术,杜绝了土壤中的微生物污染;利用补偿式滴箭灌溉系统、精准控制灌溉 Ec 和 pH 的施肥系统、营养液回收消毒以及再利用精准水肥循环系统,既确保每棵植株所得到的水肥营养高度一致,又节约水肥,实现了温室内水肥的零排放和零污染,改善了大气、水质、土壤,提升了农产品品质,为农业绿色生态发展起到了积极的推动作用。

四、案例分析

(一)坚持高标准农业生产管理模式

建有世界最顶级的荷兰标准智能化连栋玻璃温室,配有全球最先进的农事操作设施装备,秉持全员、全程、全方位"三全"质量理念,严格执行绿色食品与 Global GAP 标准,从事农业生产,番茄、樱桃番茄两个产品获得绿色认证,为保障农产品质量安全提供了技术支撑。

(二)坚持全程全产业链可追溯监管

一是追溯体系全方面覆盖。公司使用的追溯体系覆盖面广,涵盖了山东省 75 万个生产经营主体基础数据,367 家农产品质量安全检测机构检测数据,山东省省级、市级、区县、镇街四级监管单位 1 617 家基础数据,做到了监管主体、生产经营主体数据全覆盖,检测数据全覆盖,追溯数据全覆盖。同时,与山东省农业投入品监管追溯系统、农产品质量检测数据监管系统、国家农产品质量安全追溯管理信息平台实现了数据互联互通,为保障农产品质量安全提供了溯源凭证。中国商品条码的使用为全程追

溯提供了双重保障。

二是生产过程无死角监控。建立了控制监管中心，安装2.5米×11米高清大屏，园区内安装了海康威视高清摄像机468台，由专人对产前、产中、产后等各个环节进行24小时实时监管，对温室生产、采后处理环节进行重点监控，确保全过程可控。

（三）坚持农产品质量安全至上理念

牢固树立强烈的社会责任感和使命感，成立了质量追溯管理领导小组，制定了生产、管理、工作、考核等制度，根据工作职能，细化责任分工，配足种植员、农事区域负责人、品控员、内检员、检测员、追溯系统管理员等，各部门各尽其责、各司其职、通力协作，为保障农产品质量安全奠定了坚实基础。

"一个标签，一份承诺"兴城多宝鱼
——兴城市佳盈伟业海产品养殖专业合作社

案例主题：

辽宁省兴城市佳盈伟业商贸有限公司通过专利技术，为多宝鱼活体挂标，实现一鱼一码，将养殖环节、流通环节、消费环节全部纳入二维码溯源体系，从渔场到餐桌，一扫即现，真正实现"来源可追溯、去向可查证、责任可追究"。公司市场覆盖全国20余个省市，年产量可达800万尾，年产值超2亿元。

兴城市佳盈伟业海产品养殖专业合作社通过物联网技术，将多宝鱼养殖、生产、加工、运输到消费全过程纳入品控溯源管理，并利用平台提供溯源技术服务。依托区域链技术，将智慧化监测、自动化监测、第三方检测、第三方保险数据汇集成信息系统，确保全程可追溯，让消费者买得安心、吃得放心。公司现与永辉超市、沃尔玛超市、京东、盒马等几十余家大型超市进行深度合作，商品销售遍布全国各地，产品平均溢价率为15%。

一、基本情况

兴城市佳盈伟业海产品养殖专业合作社创建于2014年，公司坐落于辽宁省兴城市曹庄现代渔业园区，公司是一家集养殖、加工、销售于一体的综合性公司。

公司自有养殖基地5万多平方米，年产成品鱼80万尾。合作社社员38家，年产成品鱼达800万尾。公司是辽宁省农业产业化重点龙头企业、兴城市现代渔业园区多宝鱼养殖行业协会副会长单位、中国水产流通与加工协会大菱鲆分会副会长单位、全国工商联水产业商会鲜活水产专业委员会常务副会长单位，葫芦岛市龙头企业，十九大原材料服务保障基地，"兴城多宝鱼"地理标志证明商标独家授权运营单位、兴城多宝鱼出口备案企业。先后获得农交会金奖、鲲鹏奖、最具影响力品牌奖等各类荣誉奖项20余个。

公司全面实施品牌化发展战略，打造"兴城多宝鱼"这一鱼中名品。为保证品牌和品质的持久稳定，采用无公害养殖模式，打造"六个统一"标准化养殖管理，从鱼苗采购到成鱼出塘，从养殖用水到设备用具，从饲料喂食到检测监管，全部精细化管理，数据化采集，可视化监督，从而确保打牢绿色根基。

食品安全刻不容缓，由于消费者在选择购买多宝鱼的时候难以辨别多宝鱼的品质和来源，为让广大百姓能够明明白白的吃到放心鱼，佳盈伟业公司在坚持绿色发展的同时，积极推进"科技创新、保障升级"策略，把食品安全问题作为头等大事，在各级政府和渔业部门的支持鼓励下，公司投入上百万元进行品牌区隔技术的研发和溯源系统的开发建设，经过3年的不懈努力，终于研制出获得国家专利的防伪标签加上二维码溯源系统，为兴城多宝鱼的食品安全锁上栅锁。

二、主要做法

每一条"兴城多宝鱼"上市之前依据国家标准对其进行检测，检测合格后钉上溯源专利标签，此标签采用活体挂标技术，对鱼体没有损害。

每一个标签都带有一个二维码和一个数字码，一鱼一码，权责明晰。

专利标签独具制锁功能，一经钉上即不可拆卸，不能重复使用，锁定产品即锁定责任。

在挂标时，经养殖户确认标签和条码后，在本次收鱼记录表上签字并拍照，将养殖相关信息录入系统。

装车后，由司机对车辆信息、所运产品信息进行确认签字，录入发车时间和地点。

当渔车到达目的地时，再次录入到达时间和地点，完成物流环节追踪。

产品到达市场后，市场或渠道方进行接货信息确认，若进行二次流转的，将录入后续下级销售信息，直至终端销售环节。

溯源管理系统，涵盖品牌方、运营方、渔场、鱼苗、养殖环境、检测报告、物流运输方、销售方、分销方等多方面的详细内容，将养殖环节、流通环节、消费环节全部纳入二维码溯源体系，简单一扫，从渔场到餐桌，全程了然。

专利标签使用最安全的食品级科技材料，经国家权威部门多重监测认证，标签可随多宝鱼一起可蒸、可煮、可炸，高温无毒无害，且标签特有的制锁功能不能被替换，真正做到"来源可追溯、去向可查证、责任可追究"，让消费者买得明白，吃得放心。

佳盈伟业公司在渔业主管部门和当地政府的大力支持下，不断加强品质监管，加大溯源标签的推广力度和范围，对标签进行优化，两次对溯源系统进行升级，以务实创新理念不断推动多宝鱼的食品安全建设。努力打造"来源可追溯、去向可查证、责任可追究"的放心鱼健康鱼,让消费者买得明白,吃得放心。

三、主要成效

佳盈伟业公司以品质安全为核心,全球首创活体挂标技术,成功研发水产防伪标签,开发二维码溯源系统,获得防伪标签发明专利、标签外观专利、实用新型专利、标签版权及溯源系统软件著作权等10余项国家专利。将养殖环节、流通环节、消费环节纳入到二维码溯源体系中,率先实现了一鱼一码、从渔场到餐桌,全程可追溯。开创了水产品食品安全建设的科创先河。

在葫芦岛市和兴城市各级政府领导的支持下,在渔业主管部门的监管和帮助下,伴随"安全多宝鱼 认准追溯码"被越来越多的大众所熟知牢记,真正在市场上树立了兴城多宝鱼的品牌个性和口碑,佳盈伟业公司取得了突飞猛进的发展,受到政府、行业、渠道、媒体等社会各界的高度好评和认可。

公司通过对"兴城多宝鱼"这一品牌以及"一条有身份证的好鱼"这一产品的宣传,先后与永辉超市、沃尔玛、京东生鲜、天猫超市、7FRESH等十余家大型渠道深度合作,商品销售遍布全国各地。

2008年,兴城多宝鱼被列入奥运会指定水产品。

2009年,兴城多宝鱼被列入世博会指定水产品。

2012年,兴城多宝鱼成功注册成为国家地理标志证明商标,确定了多宝鱼最正宗、最优质的产区地位。

2013年,兴城多宝鱼被列入全运会指定水产品。

2015年8月,应邀参加广州"国际渔业博览会",并举办"兴城多宝鱼"产业发展推介会,荣获"最佳品牌奖"和"最具影响力品牌奖"。

2015年11月,应邀参加第十三届中国国际农产品交易会,获得十三届农交会金奖。

2016年5月23日，参加2016年亚太水产养殖博览会，获得了"金奖产品""科技创新奖""特殊贡献奖"等奖项。

2016年12月，在2016中国水产品品牌大会上，兴城多宝鱼成为"最具影响力水产品区域公用品牌"。

2017年1月8日，在水产行业最高的年度盛会中国水产年度大会上，佳盈伟业商贸有限公司获得"鲲鹏奖"之"中国水产业明星水产品"和"中国水产行业杰出人物"两项大奖。

2017年9月，全国水产品牌大会，兴城多宝鱼再次获得"2017年最具影响力水产品品牌"。

2017年12月，辽宁省首届海参节暨水产品博览会，荣获"博览会产品金奖"。

2018年3月，参加天猫超市年度生鲜盛典，荣获"最具潜力品牌"。

2018年5月，国家海洋与渔业局局长张显良局长到企业考察指导。

2018年8月，亚太水产养殖博览会，荣获"采购商最感兴趣品牌水产品"。

2018年10月，参加中国生鲜零售大会，荣获二等奖。

2018年11月，参加第十六届农交会并获得农产品金奖。

2018年12月，荣获"中国百佳农产品新锐品牌"。

2019年，养殖基地通过全球水产养殖标准认证BAP的认证。

2019年1月，佳盈公司召开全国代理商招募大会，签约20个省市代理服务商，并在3月、5月分别在黑龙江和北京召开了品牌推介会，并持续推进至全国。

2019年8月，参加上海国际渔业博览会，成为主办方特别推荐产品。

2019年11月，参加全国农业农村创新创业大赛，获得全国二等奖。

2019年1月，被评为辽宁省农业产业化重点龙头企业。

四、案例分析

国家新《中华人民共和国食品安全法》和国家各级海洋渔业主管部门，都给予了明确的指示和要求，多次提出要加大产品可追溯体系的建设力度，促进食品安全的快速发展，保障老百姓的餐桌安全。作为水产品食品安全和溯源系统的先行者和实践者，佳盈伟业一定在各级政府和主管部门的监督帮助下，把自己的经验和技术推广出去，带领整个产区走向安全可追溯的更高平台。让更多的水产品、农产品早日实现可追溯体系和品牌化发展，让更多的消费者放心安心地购买享用，为我国的食品安全建设贡献力量，做广大百姓美味餐桌的安全卫士，让大家吃得明白、吃得放心、吃得健康！

未来，随着品牌的提升、渠道的开拓和产量的增长，公司将加大溯源体系建设力度，在机房建设、数据管理、界面视觉、操作技术、内容建设等多方面加快升级，在防伪标签的材质、形态、功能和适用上加大研发创新力度，继续以防伪可追溯多宝鱼为核心，以"鱼中名牌、行业标杆"为目标，逐步实现规模化、标准化、科技化发展，带动整个产业的转型升级。

我们的使命：让更多国人吃上健康水产品！

果香飘四海 一"码"走天下
——山东省莱州市琅琊岭小龙农产品农民专业合作社

案例主题：

莱州市琅琊岭小龙农产品农民专业合作社，从优质品种选择开始，采用病虫害绿色防控技术，严控产品质量，积极使用信息全、成本低、易操作、可防伪、可推广的莱州市食用农产品合格证追溯系统，实现合作社苹果信息一扫全知道，一"码"走天下。可追溯的苹果产品连续两年获得"中国好苹果"大赛免套袋组金奖和最具价值生态苹果奖，连续两年实现销售收入过亿元，追溯模式起到了积极的示范引领作用。

一、生产主体基本情况

莱州市琅琊岭小龙农产品农民专业合作社位于莱州市朱桥镇由家村，2008年注册登记，注册资金800万元。合作社共流转土地3 000亩，其中苹果示范园面积2 000亩，年产苹果近2 500吨，畜牧养殖面积200亩，年出栏生猪1万余头、肉鸡100万只，拥有8 000吨保鲜库一座，拥有大型沼气池2座，合计600立方米，沼渣沼液储存池5 000立方米，是一家集种植、养殖、加工、销售多位一体的循环生态农业合作社。合作社苹果在2015年通过绿色食品认证，先后获得了"全国农民合作社加工示范社""山东省农民合作社示范社""优秀企业""山东省农业标准化生产基地""2015—2016年苹果现代矮砧集约栽培模式、省力化工土壤耕作制度与花果管理技术及病虫害生物防控新技术推广示范基地""2015—2016年苹果现代矮砧集约栽培模式、化学疏花疏果、不套袋轻简化果实管理与生物防控新技术实验示范基地""中国长寿之乡养生名优产品"。2019年、2020年连续两年获得"中国好苹果"大赛免套袋组金奖。

二、农产品质量安全可追溯具体措施

（一）技术集成，绿色防控，抓源头生产

合作社在产品质量管控方面，从优良品种选择入手，选择主要品种有烟富3、美味、红嘎啦、华硕、首红、天汪1号等适合

本地生长、抗性较强品种，从根源上减少农药的使用。生产过程采用免套袋、化学疏花疏果技术，控制枝量、起垄覆盖、行间生草等农艺措施减少农药使用。采用养殖场粪便和枝条粉碎发酵还田、水肥一体化精准施肥等循环种养模式减少化肥使用量。积极采用病虫害精准测报、悬挂杀虫灯、诱捕盒、迷向线等物理和生物防治措施进行绿色防控，从生产技术上保障果品品质与安全表里如一。

（二）自我检测，配合抽检，保承诺内容

合作社配有速测仪和专职检测人员，对不同地块不同品种的苹果进行上市前的快速检测，同时积极配合省、市农业农村部门开展定量抽检，并将抽检结果和凭证上传到追溯系统页面信息中，保证所有上市苹果安全可靠。合作社速测仪使用以来，共检测样品300余批次，检测合格率为100%。

（三）与时俱进，信息全面，易监管追溯

为更好地实现企业产品追溯管理，合作社积极参与到莱州市农业农村局推广的食用农产品合格证追溯模式中，积极完善追溯信息，提高企业产品可信度。合作社所使用的追溯模式具有以下特点：

一是信息全。小小二维码，信息大容量。二维码追溯信息中既包含了食用农产品合格证所要求的产品名称、产地、生产者、联系方式、对农产品质量安全的承诺等基本信息；还根据生产过程的具体情况增加了投入品的来源和生产记录导入，可以让消费者了解用药用肥情况；合作社还将检测结果导入，让消费者了解苹果农残情况；同时还增加了企业资质、产品认证情况、获奖情况、基地种植情况等相关信息，让消费者对琅琊岭苹果有了更深入的了解。

二是成本低。琅琊岭苹果使用的追溯系统由莱州市农业农村局协调第三方同翔网络科技公司搭建，合作社不需要承担任何费用，只要向农业农村局提出申请后，由农业农村局列入追溯主体库，制作个性化展示页面，合作社领取印制好的追溯码，使用时只需要张贴、激活，不需要购买打印机，没有耗材的消费，不受硬件限制，成本极其低廉。较热敏打印不干胶二维码还有着更清晰、保存更持久的特点。

三是易操作。琅琊岭苹果上市前只需刮开涂层扫描就可激活，大批量激活可通过扫描枪扫条形码或者通过手机 App、电脑在后台对一个号段整体激活，操作非常简便，大量节省人工成本。激活时间即为上市时间，较其他印制版追溯码无法提供上市时间，提高了产品追溯的时效性，确保上市产品的新鲜度。苹果的追溯信息查询也十分便利，消费者在购买苹果时只要掏出手机，用微信扫一扫二维码，就能了解到该产品生产单位、生产记录、检测情况等信息，出现质量问题时可以迅速地联系到合作社客服，真正实现了食用农产品的可追溯，保障了消费者的合法权益。

四是可防伪。较其他开放式、无时效追溯二维码，合作社所采用的追溯模式，具有高度的防伪性。系统生产的二维码没有任何两个码是一样的，并且每个二维码上均设有防伪涂层，二维码未激活前，无法看到全部二维码图像。激活后，二维码就产生了有效时间，避免了复制、伪造和二次利用的情况的发生，确保了合作社产品不被侵权，使产品追溯更有效、更准确。

五是可推广。合作社所采用的追溯模式是追溯，更是推广。苹果张贴追溯码是合作社对产品的一种承诺，也是对自己产品的自信的表现，更值得消费者信赖。同类产品购买时，消费者更愿意为安全、为健康买单，附带追溯码的苹果也就相对更受欢迎。二维码信息中还增加了苹果的购买途径，消费者喜欢产品想再次购买时，只需扫一扫二维码，就可以通过追溯页面的购买链接，跳转到店铺，再次下单购买。二维码追溯系统为合作社拓宽了销售渠道，将苹果卖到全国各地，真正做到了一扫全知道，一"码"走天下。

三、推行农产品追溯制度的成效

（一）品牌效益

在使用追溯系统前，合作社虽然申请了自己的品牌，通过了绿色食品认证，但合作社的苹果基本还是以批发价格走向水果市场为主，投入产出比很低。使用二维码追溯系统后，琅琊岭苹果让消费者看到了企业在产品安全方面所做的努力，对苹果信赖度增加，加上各大媒体对琅琊岭产品质量安全和追溯经验做法方面的宣传，琅琊岭苹果从销售难、价格低，一跃成为网红产品，电子订单纷至沓来，变成真正的"黄金果"。2018年"琅琊岭"牌苹果被纳入山东农产品知名品牌目录，并在2019年两度登上央视新闻直播间特别节目，2019年在陕西杨凌、2020年在烟台举办的"中国好苹果"大赛中，琅琊岭合作社的苹果两年均拿下免套袋组金奖和最具价值生态果品奖两项大奖。

（二）经济效益

使用二维码追溯系统之后，琅琊岭苹果向消费者全方位展示了苹果整个生长过程中，优良的产地环境、绿色的种植方式、闪亮的高光颜值，让琅琊岭苹果成为阿里巴巴和拼多多等网络平台上的网红，每天线上接单1 500单以上，精品平均价格每千克达到20元以上。2019年和2020年，合作社实现销售收入均接近1亿元。

（三）社会效益

2018年11月13日，农业农村部副部长于康震专程到琅琊岭进行了二维码合格证追溯工作的调研，为农产品追溯在山东省乃至全国的开展提供了宝贵经验。

为更好推广普及该生产追溯模式，合作社还建立起了科普馆。先后接待参观学习的专家与果农3万余人次，苹果采摘的游客2万多人次，辐射带动周边新建现代果园2 000余亩。合作社的电子二维码追溯模式在全市起到了很好的示范引领作用，在琅琊岭的带动下，莱州市食用农产品的追溯由点到面涵盖全市，品种也由最初的韭菜、苹果、大樱桃推广到蔬菜、水果、禽蛋等品类。疫情期间，琅琊岭小龙农产品农民专业合作社为湖北黄冈无私捐赠15万斤附贴可追溯电子合格证的绿色苹果，受到社会广泛赞誉。

农产品追溯管理体系建设模式
—— 威海市翠虹果品股份有限公司

案例主题：

威海市翠虹果品股份有限公司农产品追溯管理体系建设模式是基于物联网、区块链、一物一码、智慧管理、电子商城构建的全链条数字化农产品追溯管理体系，围绕农业种植环节的突出问题，用数据支撑农业生产、加工、流通、销售、消费等各环节，以物联网、云计算、大数据等技术支撑农业转型升级，实现多方共治共享。用数据提高农产品品质和附加值，用数据构建生产经营者与消费者之间的信息获取和信任，用数据构建企业、政府、农户、大众的信息获取渠道，建立"食者受益，耕者获利"的可持续发展模式。

一、基本情况

在《国务院办公厅关于加快推进重要产品追溯体系建设意见》的统一框架下，配合我国农产品种植行业的现代化发展的深入推进，威海市翠虹果品股份有限公司在追溯体系建设中取得了积极成效。

威海市翠虹果品股份有限公司成立于2003年，是一家集苹果种苗、种植、存贮、加工、销售、休闲采摘于一体的现代农业产业化企业。拥有气调保鲜库10 000吨，包装车间3 000平方米，固定资产1.6亿元，附属省、市级优秀示范合作社3处；自建现代化绿色食品"三优富士"标准化果园2 600多亩，各类种苗基地500亩。

2012年，威海市翠虹果品股份有限公司通过山东科润信息技术有限公司为其打造的产品质量安全追溯管理平台"追溯宝"，为每株果树、每部农业机械、每类包装容器、每瓶农药、每个工人都编制了身份，通过"追溯宝"串联起生产各个环节，实现全程可追溯；在销售终端，消费者只要用手机轻轻一扫，即可了解苹果从日常管理、检测、加工、销售等整个过程。

2015年10月，全国首届"国家食品安全城市"和"国家农产品质量安全示范县（市）""两个创建"试点工作现场会在威海召开。中共中央政治局委员、时任国务院副总理汪洋、农业部部长韩长赋等领导视察了荣成翠虹果品有限公司，详细了解了追溯宝农产品质量追溯系统，对翠虹果品的追溯系统给予高度评价。来自全国31个省、自治区、直辖市的分管省长、农业厅长、食药局长和全国104个国家农产品质量安全示范县（市）的县（市）长、农业局长到观摩点现场观摩、学习翠虹果品利用农产品质量可追溯系统提升农产品质量安全管理水平，提高市场认可度的先进做法。

二、主要做法

（一）实现全流程追溯

通过政府的监管与引导，翠虹果品搭建了"追溯宝"平台。平台结合大数据、互联网、云计算等技术，将苹果的生产基地、育苗、种植、检测、加工、包装运输、流通、批发零售及消费等环节进行了全程有效的监管。平台可以根据翠虹果品的实际需求，启用需要的追溯流程节点，最大程度地减少信息的录入工作。翠虹果品利用"追溯宝"平台，实现了农产品质量安全追溯信息管理，完成了苹果在供应、流通、消费等诸多环节的信息采集、记录与交换。通过利用信息技术对农产品进行全方位立体化、数字化塑造，增加了苹果的附加值，做到农产品信息透明化和公开化，打消了消费者对农产品安全的担忧。通过"追溯宝"平台的建设，塑造了"翠虹果品"农产品品牌，全面提升农产品的知名度。

（二）使用一物一码防伪追溯技术

"追溯宝"平台使用了一物一码技术，为农产品追溯提供了一种低成本、效益高、可防伪的推广方案。"追溯宝"平台对农产品生产记录进行了全程"电子化"管理，为农产品建立了透明的"身份档案"，采购方、消费者使用手机扫描二维码可快速查询到相关生产信息，满足消费者知情权，做到放心采购和消费，实现了"知根溯源"。翠虹果品通过消费者的扫码记录和消费者评价记录，可以追溯产品流向情况和消费者的反馈情况，实现产品的双向追溯，为农产品的销售布局提供了数据支撑，提高了商品、客户、信息等数字资产的价值。

（三）确保追溯信息真实性

通过"追溯宝"平台，翠虹果品自行维护产品以及企业基本信息，同时借助于物联网智慧果园整体解决方案，利用智能监控系统自动采集的环境信息、实时视频信息等，建立了完善丰富的农产品档案。智慧果园作为实际业务应用，数据更可靠、更可信。并且平台使用区块链技术，将每个节点发生的信息打包为一个区块加入链中，利用区块链不可篡改、可追溯的特性，增加了消费者对追溯信息的信任。

"追溯宝"平台的建设，使得"翠虹果品"品牌形象全面直观地展示在消费者面前，包括生产环境、生产过程、产品品牌优势。借助园区智能种植监控设备，消费者使用微信等App就能够实时查看农作物的生长环境、生长情况，以及工作人员的农业劳作情况，参与到农产品种植生产的监督过程中来，提升了对"翠虹果品"品牌的信任度以及黏度。利用区块链和物联网技术，解决了溯源信息的真实性问题。

（四）拓宽农产品上行通道

借助"追溯宝"平台自带的农产品电子商城系统，消费者在扫码获取农产品追溯信息的同时，可以进行二次购买，利用微信的在线支付功能，实现网上交易。

通过网上交易实现农产品上行，将互联网与农业相结合，有效解决了销售渠道问题，提高了企业收入，消费者也可以便捷地买到翠虹果品优质的农产品。通过追溯标签二维码的引流，翠虹果品实现了线上线下交易融合，进一步拓宽翠虹果品的销售渠道，有效解决了农产品销售难的问题，拓展了农产品增值空间。使用平台交易，能够让翠虹果品和消费者直接对接，减少中间的流通环节，降低中间费用，让消费者能够得到更多的实惠。

三、主要成效

（一）经济效益

2016年翠虹果品2 000多亩果园的苹果还没采摘已经售罄，其中与京东商城签订50万千克苹果供销合同，余下200万千克苹果则被全国各地采购商预订一空，平均售价均在每千克20元以上。2019年与浙江宁波鲜丰水果有限公司签订批量采购合同，苹果收购价每千克13.6元，为企业取得了良好的经济效益。

（二）社会效益

通过翠虹苹果追溯应用，从企业内部而言提高了企业产品质量安全的管理水平，提升了产品的附加值，提高了客户的认可度，助力企业打造优质安全的品牌，不断推动企业更加规范自律，为企业健康可持续发展提供动力；对消费者而言，能够获取更客观真实的农产品质量安全信息，参与监督，有利于建立对产品质量的信任；对监管部门而言，通过全程信息可溯的追溯平台，可以实现更精准高效的监管，对相关数据进行分析，及时发展风险点，防患于未然；这样通过构建多方共建共治的平台，实现农产品质量安全的共治共享，有利于加快对苹果产业进行全方位、全角度、全链条的数字化改造，助力苹果产业高质量发展，促进整个产业向高产增质方面发展，构建健康可持续发展模式，引导形成争先创优、比学赶超的良好态势。

翠虹果品追溯系统的成功应用，为荣成苹果生长模型提供数据支撑，实现从农产品种植阶段的数据采集，更具有真实性。

四、案例分析

通过建立农产品质量安全追溯系统与智慧农业物联网、电子商城、区块链、大数据、云计算和智能分析等技术的耦合，各系统数据深度整合，实现跨系统追溯，从投入品的销售流向、基地的使用情况、农产品的检测结果到农产品的流向全程无缝整合，组成一条完整的追溯链条。

围绕农业种植环节的突出问题，用数据为农业赋能，用数据支撑农业生产、加工、流通、销售、消费等各环节，用数据提高农产品品质和附加值，用数据构建生产经营者与消费者之间的信息获取和信任，用数据构建企业、政府、农户、大众的信息获取渠道，建立"食者受益，耕者获利"的可持续发展模式，以物联网、云计算、大数据等技术支撑农业转型升级，助力乡村振兴。

全面践行"可溯源"之路，让好产品卖上好价格
——徐州市铜山区春丽果蔬专业合作社

案例主题：

徐州市铜山区春丽果蔬专业合作社积极探索农产品质量安全追溯体系，全面运用江苏省农产品质量安全追溯平台，严格把控生产过程，及时真实地采集各个生产环节信息，确保所有产品"带标上市"，接受全社会监督。通过几年努力，多家供应商慕名而来，成功签约36家超市门店和大型农贸市场可追溯专区，拓展了销售渠道，扩大了品牌的影响力和知名度，增强了市场竞争力，也带动了该村的蔬菜产业发展。

一、基本情况

徐州市铜山区春丽果蔬专业合作社，成立于2012年，位于徐州市铜山区房村镇郭集村，地处两省三县交界，地理位置优越，交通运输便利。合作社流转土地300余亩，园区内基础设施完善，田间沟渠道路畅通美化，建有钢架大棚200个、苏式日光温室6个，绿色防控生产驱虫灯20个，微喷、滴灌等设施齐全。全年以种植菜花、毛豆、辣椒、甘薯、红香芋、大蒜等优质农产品为主。

通过几年的努力，合作社注册了自己的"丽民"牌商标，产品畅销全国各地，多次被省、区、市表彰，先后荣获省级"扶贫示范项目先进单位""省级示范合作社"、区"十佳优秀合作社"、区"创牌立信"示范单位等称号；2017年，"丽民"牌蔬菜列入省级农产品品牌目录；2018年，菜花、辣椒、毛豆产品获得国家绿色食品标志使用权；2019年，甘薯和红香芋两个产品通过了"有机食品"转换期认证；同年，合作社的"丽民"

牌菜花荣获中国绿博会金奖；2020年，合作社获得江苏省著名品牌、中国优质农产品AAA级诚信示范社、中国口碑测评3·15消费者满意单位、"苏农通报"第十四期被省厅评为农产品追溯标杆企业、"通农绿优"杯江苏省最美绿色食品蔬菜企业等荣誉；在郑州2019年"第20届中国绿色食品博览会"上，"丽民"牌菜花荣获绿博会金奖；同年，获得"江苏省最美绿色食品"荣誉；2021年2月3日，《"可追溯"把"放心菜"送进超市专区》被农业农村部评为全国先进追溯典型案例，在中央主流媒体《农民日报》宣传报道。

二、主要做法

自2018年10月参加全省农产品质量追溯平台培训班以来，合作社认识到农产品质量安全的重要性，认同并提倡政府倡导的食用农产品合格证制度，经过省、区农业农村部门的精心培训指导，积极注册，安排专人专项负责，坚决做到细心、及时、真实的数据、采集信息。截至2023年4月，建立追溯电子台账350余条，追溯产品440余批次，累计打印"证码合一"的追溯二维码标签95余万枚，食用农产品合格证近35万枚，位居全省前列。回顾推广农产品质量追溯体系以来，合作社主要有以下几点做法和体会。

（一）认真做好农产品质量追溯体系准备工作

2018年以来，合作社坚持同步记录每一个生产环节，从农业投入品采购、使用到农产品整个生产过程以及产品自检、销售等环节信息都做到真实细致，完整记录所有相关的基本电子台账，为建立农产品质量追溯体系做好准备。

合作社还制定了严格的生产销售规程和工作制度，并加强了对合作社工作人员的培训和宣传，强化工作人员的农产品质量安全意识，要求严格按照相关规章制度进行田间操作和记录，以确保追溯信息的真实有效。每个产品均贴有可追溯二维码，切切实实做到了"带证上网、带码上线、带标上市"，深受经销商和消费者青睐。随着"二维码"产品知名度的提高，北京新发地等各地批发商均主动上门进货，点名购买具有可追溯二维码的产品，2021年合作社签下金桥36家门店的可追溯专区，并洽谈大型农贸市场的可追溯专区，农产品质量追溯二维码已成为农产品流通的"健康码""行程码"，农产品质量安全的"承诺书""新名片"，合格检测的优惠券。

（二）加强农产品质量追溯二维码的宣传推广

可追溯二维码使用伊始，合作社顶住邻里不看好的压力，不畏惧花费时间、金钱和人力，要求工人在菜花、辣椒、红薯、紫薯等产品上认真粘贴追溯二维码标签。同时，向销售商、老百姓宣传并演示手机扫一扫、看一看的操作方法，全透明公开蔬菜生产过程。合作社也鼓励员工在朋友圈、抖音等社交平台宣传具备追溯标签的产品，向包括北京、河北、吉林、淄博、枣庄、常州、上海等全国各地批发市场在内的合作社现有合作伙伴宣传农产品质量追溯体系。在给自己产品打广告、做宣传的同时，也让大家了解到农产品质量追溯体系的优势。

自从合作社的产品贴上追溯标签以后，产品更好销售了。去年菜花刚上市时价格0.5元/斤，合作社坚持每一棵都必须粘贴追溯标签，工人说："老板，这价格那么低，贴标签的工价都比售价高了。"但合作社负责人薛丽坚持所有产品都要"带码上市"，要让消费者知道具备追溯标签的产品更有保障，短期的"高成本"可以提升产品长期的竞争力。合作社将这一批菜花运送一车到北京"新发地市场"，并告诉他们一定要拿出手机扫一扫，第二天4点左右，就有一个来自北京新发地的客户打电话订货。现在，在成功打入北京"新发地市场"、打响合作社知名度后，合作社小幅度提升产品价格，保持比同期其他生产者高出

0.1元/斤的价格，仍然供不应求。

近几年，在区农业农村局的指导帮助和合作社的努力下，合作社的产品从未滞销过，甚至打开了更大的销售渠道。在铜山区最大的连锁超市——"苏果超市"，合作社设立了蔬菜可追溯专区，让理货员推广大家扫一扫，并推行"扫一扫，有惊喜"的活动——凡是扫完截屏满10张的送精美礼品一份。渐渐地，老百姓对追溯标签产生了信赖，其红薯、紫薯、菜花、芹菜等产品也与其他未贴标产品拉开了价格差距。

在2019年初疫情期间，各生产主体产品滞销的情况下，合作社仍保证了市场销售与合作社收益，甚至更大地拓展了自己的销售方向，扩大了品牌的影响力和知名度，增强了市场竞争力，也带动了该村的蔬菜产业发展。

（三）进一步抓实标准化生产，确保农产品质量安全

卖出去的产品，因为粘贴了追溯二维码，需要接受全社会的监督，这成了合作社生产标准化的新动力。合作社请专家指导，制定更为严格的生产技术规程，绝对按照绿色食品标准进行生产，严格农药、肥料等投入品使用，严格安全间隔期，绝不使用禁限用农药。

近两年，合作社对不在绿色食品允许使用农药目录的农药进行了清理，使得合作社产品均能符合绿色食品标准，提升了产品质量安全等级。合作社建有农残速测室，建立了一整套完整的规章制度，包括农药安全间隔期制度、仓库管理制度及企业自检、委托检测制度等，并将所有规章制度张贴上墙。合作社在内部设立了内检员职责岗位，让每一批农产品从选种、播种、投入品的使用情况、用药间隔期、田间管理、农残检测、采收及销售等一整套流程都能够全面真实地展现给消费者，让消费者了解农产品从生产到销售的全过程信息，实现"明白消费，吃得放心"，真正实现质量溯源。

三、主要成效

经过一系列的探索和实践，在江苏省农业农村厅的平台提供、区农业农村局的指导帮助下，合作社积极推行农产品质量溯源体系，坚持"带码上线、带标上市"，已经探索出一条适合自身现状和发展需要的溯源之路。合作社积极参与所在镇，乃至全区农产品质量追溯体系建设工作，总结归纳了自身推广农产品追溯体系的经验做法，用自己的真实经历向农产品生产主体推广追溯平台，倡导使用粘贴农产品追溯标签，为区域产业发展贡献自己的一份力量，起到了模范带头的重要作用。

第二节 农产品质量安全监管执法典型案例

一、海南省保亭黎族苗族自治县综合行政执法局查处文某某在豇豆种植中使用蔬菜禁用农药乙酰甲胺磷案

2022年2月，海南省保亭黎族苗族自治县（以下简称"保亭县"）农业农村局与综合行政执法局根据农产品质量安全例行监测结果，依法联合对当地村民文某某种植的豇豆开展监督抽查，在豇豆样品中检出蔬菜禁用农药乙酰甲胺磷及其代谢物甲胺磷。经查，当事人文某某种植的涉案豇豆共1.5亩，所用蔬菜禁用农药购自流动商贩，保亭县综合行政执法局依据《海南省农产品质量安全条例》责成当事人对该地块豇豆进行销毁。2022年3月，保亭县综合行政执法局依法将案件移送公安机关查处。

二、吉林省桦甸市农业农村局查处韩某某在芹菜种植中使用蔬菜禁用农药甲拌磷案

2021年12月，吉林省桦甸市农业农村局收到该市市场监督管理局移送案件，称在某生鲜有限公司抽检的芹菜中检出蔬菜禁用农药甲拌磷，经溯源，该批次芹菜为菜农韩某某供货。经查，该批次芹菜为桦郊乡苏密沟前进村三道岔社菜农韩某某种植，共计327.5千克。2022年1月，桦甸市农业农村局依法将案件移送公安机关查处。2022年6月，韩某某因犯生产、销售有毒、有害食品罪，被判处有期徒刑6个月，并处罚金5 000元，依法追缴违法所得。

三、云南省曲靖市马龙区农业农村局查处贺某某在黄心白菜种植中使用蔬菜禁用农药毒死蜱案

2021年12月，云南省曲靖市马龙区农业农村局对蔬菜种植户贺某某种植的黄心白菜开展监督抽查，在黄心白菜样品中检出蔬菜禁用农药毒死蜱。经查，当事人种植的涉案黄心白菜共6亩，货值7 800元。2022年4月，马龙区农业农村局依法将案件移送公安机关查处。

四、四川省大邑县农业农村局查处龚某某在草莓种植中使用蔬菜瓜果禁用农药氧乐果案

2022年3月，四川省大邑县农业农村局对安仁镇硕欣家庭农场种植的草莓开展监督抽查，在草莓样品中检出蔬菜瓜果禁用农药氧乐果。经查，涉案草莓约15千克，该家庭农场实际负责人龚某某明知氧乐果不能用于水果生产，仍在其种植的草莓上使用，并将喷洒过氧乐果的草莓进行销售。2022年6月，大邑县农业农村局依法将案件移送至公安机关查处。2022年10月，龚

某某因犯生产、销售有毒、有害食品罪，被判处有期徒刑8个月，宣告缓刑一年，并处罚金10 000元，依法追缴违法所得，禁止在缓刑考验期限内从事食品生产、销售及相关活动。

五、河北省承德市农业农村局查处吕某某在韭菜种植中未按照农药标签标注内容使用常规农药腐霉利案

2022年1月，河北省承德市农业农村局接到当地市场监督管理局移送案件，称某超市销售的韭菜常规农药腐霉利残留检测不合格，经溯源，该批次韭菜为该市双滦区偏桥子镇村民吕某某种植。经查，吕某某承认其在韭菜种植过程中使用了常规农药腐霉利，虽按照农药标签标注的使用方法和剂量等规定使用农药，但未过安全间隔期即收获并销售给某超市。承德市农业农村局依法对吕某某作出罚款1 000元、没收违法所得的行政处罚。

六、天津市武清区农业农村委员会查处刘某某等屠宰依法应当检疫而未经检疫活牛且注水、注入其他物质案

2022年8月，天津市武清区农业农村委员会接到群众举报，称该区河西务镇三街村东有注水、注药、私自屠宰活牛的不法行为。武清区农业农村委员会立即实地查看，会同公安机关进行案情会商研判并联合开展突击行动，在屠宰窝点中发现牛肉2 535千克、牛副产品1 857千克、活牛21头、苯甲酸钠100千克、食用氯化镁50千克、瓜尔豆胶25千克、屠宰和注水用具若干。执法人员现场抽取牛肉、牛肝及非法注入液体样品共65份，经检测，其中51份牛肉样品、11份牛肝样品和1份非法注入液体样品均检出苯甲酸钠不合格，51份牛肉样品中21份样品水分不合格。经查，当事人刘某某自2022年5月在武清区非法从事屠宰活动，涉案活牛未经检疫，且在屠宰过程中注入水和苯甲酸钠、

瓜尔豆胶与氯化镁的混合物。2022年8月，武清区农业农村委员会将案件移送至武清区公安分局立案侦查，抓获犯罪嫌疑人18名。经初步侦办，该团伙自2018年开始从事肉牛非法屠宰活动，涉案金额近2亿元。

七、山东省莘县农业农村局查处山东莘县华盛食品有限公司生产、销售兽药残留超标乌鸡案

2022年4月，山东省莘县农业农村局接到该县市场监督管理局案件移送函，称山东莘县华盛食品有限公司销售的乌鸡产品经检测常规兽药甲氧苄啶、磺胺类残留超标。经溯源，该批乌鸡由山东莘县华盛食品有限公司生产，共计515只，销售金额7 728元。2022年5月，莘县农业农村局依法对该公司做出没收违法所得7 728元、罚款5 000元的行政处罚。

八、甘肃省镇原县农业农村局查处镇原县辉牧源养殖专业合作社销售尚在休药期内的生猪案

2022年5月，甘肃省镇原县农业农村局接到崇信县农业农村局案件移送函，称镇原县辉牧源养殖专业合作社养殖的生猪产品经检测常规兽药恩诺沙星、磺胺类残留超标。经查，该合作社负责人在饲育生猪过程中，肌内注射恩诺沙星、磺胺类药物为1头生猪治病，但未超过休药期便将之与其他59头生猪调运至崇信县生源屠宰有限公司，屠宰后将部分生猪产品销往陕西省宝鸡市渭滨区某生活超市，被当地市场监督管理局抽样检测发现恩诺沙星、磺胺类常规兽药残留超标，涉案猪肉产品货值2 000元。镇原县农业农村局依法对当事人做出没收违法所得2 000元、罚款30 000元的行政处罚。

九、湖南省常宁市农业农村局查处正浩生态农业专业合作社在牛蛙养殖中使用食品动物中禁止使用的呋喃唑酮案

2022年5月,湖南省常宁市农业农村局对正浩生态农业专业合作社开展监督抽查,在其养殖的牛蛙样品中检出食品动物中禁止使用的呋喃唑酮。经查,该合作社为给牛蛙治疗肠胃炎,从网上购买呋喃唑酮片添加至牛蛙饲料中。2022年8月,常宁市农业农村局将案件移送公安机关查处。

十、河南省濮阳市农业农村局查处范县一鸣水产品养殖场使用氟苯尼考、多西环素原料药饲喂鱼苗案

2022年7月,河南省濮阳市农业农村局执法人员根据群众举报线索,对范县一鸣水产品养殖场进行执法检查,发现该养殖场内存放有黄、白色粉状物各1袋,外包装上均无兽药批准文号。经查,认定两袋粉状物分别为氟苯尼考和多西环素原料药,该水产品养殖场负责人狄某某承认曾使用两种原料药饲喂养殖场内鱼苗。2022年9月,濮阳市农业农村局依法对该水产品养殖场做出罚款10 000元的行政处罚。

十一、宁夏回族自治区中卫市沙坡头区种植户在韭菜种植中使用蔬菜禁用毒死蜱农药案

2022年5月,宁夏农产品质量安全检测中心会同中卫市农产品质量安全检验检测中心,针对食用农产品"治违禁控药残促提升"行动中涉及的韭菜、芹菜等重点品种,先后在中卫市沙坡头区开展了农产品质量安全监督抽查工作,共检出7批次韭菜不合格,不合格项目系农药毒死蜱检出,涉及沙坡头区迎水桥镇、柔远镇的5位种植户。按照中华人民共和国农业部第2032

号公告,禁止毒死蜱在蔬菜上使用,这些种植户在韭菜生产过程中使用毒死蜱农药的行为,违反了《农药管理条例》第三十四条第一款的规定,沙坡头区农业农村局依法进行立案调查,涉案当事人对在韭菜生产过程中超范围使用毒死蜱农药的违法行为供认不讳。

此次抽检不合格的韭菜涉案面积5.53亩,沙坡头区农业农村局对当事人下达了责令改正通知书,要求限期将涉案的韭菜连根铲除,当事人在规定的时间内做出了相应整改。鉴于案发时涉案韭菜尚未上市流入市场,未造成严重危害,依据《农药管理条例》第六十条第一款第一项的规定,参照《宁夏回族自治区农业行政处罚自由裁量基准》,中卫市沙坡头区农业农村局对5位当事人分别做出了罚款人民币5 000元、2 000元、1 000元、1 000元、1 000元的行政处罚,当事人在法定期限内主动缴纳了罚款。根据《最高人民法院最高人民检察院关于办理危害食品安全刑事案件适用法律若干问题的解释》(法释〔2013〕12号)第九条规定,执法机关认为当事人使用限制使用农药的违法行为,涉嫌构成"生产、销售有毒、有害食品罪",后将该案移送至沙坡头区公安分局。

十二、宁夏回族自治区中卫市沙坡头区农业农村局查处王某某在产蛋鸡上使用蛋鸡禁用药物多西环素案

2023年6月,中卫市沙坡头区农业农村局对王某某养殖的蛋鸡进行农产品质量安全检查时,发现其对部分产蛋鸡使用了多西环素,监管人员现场对王某某养殖的鸡蛋开展监督抽查,在鸡蛋样品中检出产蛋期禁用药物多西环素。2023年7月,中卫市沙坡头区农业农村局依法对王某某养殖的176只羽蛋鸡、7 529枚鸡蛋进行了无害化处理,做出罚款30 000元、没收违法所得的行政处罚。

主要参考文献

艾文喜,姜河,梁卫东,2019. 农业标准化与农产品质量安全 [M]. 北京:中国农业科学技术出版社.

杜相革,2008. 农产品安全生产技术 [M]. 北京:中国农业大学出版社.

郝建强,2015. 农产品质量安全 [M]. 北京:中国农业科学技术出版社.

贾玉娟,2017. 农产品质量安全 [M]. 重庆:重庆大学出版社.

邵玉丽,刘玉惠,胡波,2020. 农产品质量安全与农业品牌化建设 [M]. 北京:中国农业科学技术出版社.

王炳强,2018. 农产品分析检测技术 [M]. 北京:化学工业出版社.

张晓燕,2023. 食品安全与质量管理 [M]. 3版. 北京:化学工业出版社.

责任编辑 白姗姗
封面设计 高 鋆

农科社官网
https://castp.caas.cn

上架建议：农业/农村读物

ISBN 978-7-5116-6862-2

定价：36.00元